考えてみませんか

9条改憲

久保田 貢

新日本出版社

目　次

はじめに　4

第Ⅰ部　９条は現実的で生きている　7

第１章　安保関連法で日本はどう変わりましたか？　8

第２章　日本国憲法の平和主義はどのように生まれたのですか？
——憲法９条の現実的な意味　22

第３章　自衛隊・アメリカ軍と憲法との関係は？　38

第４章　憲法の平和主義はどのような意味がありましたか？①
——アメリカ軍基地、安保をめぐるたたかい　44

第５章　憲法の平和主義はどのような意味がありましたか？②
——基地に強いられる移転への抵抗　64

第６章　沖縄県民が幸せでない、というのはなぜですか？
——沖縄の基地とのたたかい　70

第７章　日本国憲法の平和主義は日本で生まれたものですか？
——平和思想の流れ　88

第８章　「抑止力」として軍備は必要ではないのですか？
——抑止力論から私たち自身の平和外交へ　96

第Ⅱ部　いまの国際情勢にどう対応するのか　105

第９章　朝鮮半島との問題をどう考えるべきですか？　106

第10章　中華人民共和国との問題をどう考えるべきですか？　116
第11章　「テロ」の増大にどう対応すべきですか？　128

第Ⅲ部　安保関連法や９条改憲は日本を守らない　143
第12章　安保関連法はなぜ問題なのですか？　その１
——集団的自衛権とは何か　144
第13章　安保関連法はなぜ問題なのですか？　その２
——後方支援、米軍防護、PKO 任務の拡大　152
第14章　立憲主義の重さを考える　162
第15章　壊れていく兵士たち　166
第16章　戦争を望む人はいるのですか？
——戦争と財界・学界の関係　174
第17章　日本は核兵器廃絶の努力をしているのではないですか？
——日本の核政策はどうなっているか　184
第18章　自民党は憲法をどのように改正しようとしているのですか？　194
第19章　平和主義を実現するための課題は何でしょうか？　198

さらに学びを深めるために　208

イラスト　佳央

はじめに

本書は、日本国憲法の平和主義について、特に前文や第９条について、学びたい方のためにつくられたものです。

日本国憲法の平和主義と自衛隊の関係はどうなっているのか。自衛隊は違憲とされるが、これをなくして大丈夫なのか。日米安保条約やアメリカ軍基地の問題はどうすべきなのか。「戦争法」といわれる安保関連法は何が問題なのか……2015年の安保関連法成立に関わって、日本の安全保障のあり方が議論となり、自衛隊のあり方や日本国憲法の「平和主義」の理解について、詳しく知りたい人が増えていると思います。本書は、みなさんが、そのような問題について理解できるようにわかりやすく書きました。

東アジアの隣国との関係や頻発する「テロ」など、日本の安全保障とも関わって不安や心配が大きくなっているようです。しかし、それらの国際情勢について正確な知識のない人も多くいます。そこで、世界の紛争についても正確な情報を読みやすく書き、さらに日本国憲法の平和主義がこれらの問題を解決できることも明示しました。

本書を書くにあたっての私の問題関心を第１章に記し、本書の核となる日本国憲法の平和主義の意味について第２章で詳述しました。ここから読み始めていただいてもよいですし、関心のあるテーマから読んでいただいても構いません。どの章からでも読めるように配慮したつもりです。

そして、随所に私が撮影した写真とともに、平和を考えるための解説があります。これを眺めていただくことも、憲法の平和主義を確認することになりましょう。自衛隊基地、米軍基地があることで、周辺住民は多くの被害をこうむってきました。人々は基地公害とたたかい、あるいは基地返還のためにたたかってきました。これらのたたかいによって、憲法の平和主義の意義が確認され、野放図な軍備拡大や他国との戦争を食いとめてきたのです。日本国憲法を守り続けてきたのです。

各地を訪れると、中には、米軍の施設であるにもかかわらず、周辺住民もよく知らずにいたという所もありました。各地の基地や、たたかいで返還された基地跡を紹介する必要性を感じました。また、憲法第９条を守るという意図から建てられた碑のいくつかも紹介しました。日本国憲法の平和主義をめぐって、各地で様々な動きがあります。写真からそのような動向を学んでいただければと思います。

関連する映画も紹介しました。また、本書をもとに、さらに詳しく学びたい方には巻末に文献も挙げてあります。アジア・太平洋戦争とその戦後補償の問題については、前著『知っていますか？　日本の戦争』（新日本出版社、2015年）に詳述しましたので、できるだけ本書では省きました。参考にしていただければ幸いです。

2016年11月

久保田貢

第Ⅰ部　９条は現実的で生きている

９条の碑（静岡県藤枝市）2015年建立。彫刻家・杉村孝さんが建てられた。裏面には憲法第９条の全文が彫られている。現在は滝ノ谷不動峡近くの御自身の工房に建てられているが、公有地に建てることを希望されている。近くの滝ノ谷不動峡や周辺には、公有地に杉村さん製作の磨崖仏など、たくさんの作品が置かれている

第1章　安保関連法で日本はどう変わりましたか？

「いつか教科書に載る景色」

2015年は歴史に残る大きな年となりました。二つの理由からです。

一つは、「安全保障関連法」が2015年９月19日に成立したからです。日本が戦後はじめて海外で戦争できる国になりました。「戦争法」ともいわれる所以です。日本が、もし、これから先、他国の人々を殺すようなことがあるとすれば、「2015年のあの法律が」と必ず振り返られることでしょう。これは、とても大きなことでした。

2015年（平成27年）8月31日　月曜日　14版　総合2

国会デモ　膨らむ理由

時時刻刻

SEALDs 共鳴、ネット拡散

対話　民主主義の成熟を

声届く実感　信頼高める

政権否定的　4野党参加

若者の声　海外注目

※「安全保障関連法」とは、「我が国及び国際社会の平和及び安全の確保に資するための自衛隊法等の一部を改正する法律」と「国際平和共同対処事態に際して我が国が実施する諸外国の軍隊等に対する協力支援活動等に関する法律」の総称です。本書では、「安保関連法」と略して述べます。

もう一つは、この安保関連法の成立の前から、多くの国民が声をあげて反対し、成立阻止のために大きな運動を展開したことです。学生団体「SEALDs（シールズ）」（Students Emergency Action for Liberal Democracy-s＝自由と民主主義のための学生緊急行動）をはじめ、高校生、大学生ら若者の行動が目立ったことも特筆されます。連日の抗議行動に加え、８月30日には12万人以上の人々が国会を包囲し、全国でも数々の反対集会が展開されました。マスメディアの中には、これを「いつか教科書に載る景色」と報じたものもあります（朝日新聞2015年８月31日付）。法の成立後、そして法が施行された2016年３月29日以降も、この運動は安保関連法廃止に向けて様々な形で続いています。この運動の延長線上に、国政選挙でも野党が共闘して候補者を立て、善戦するたたかいがありました。安保関連法が廃止され、日本が海外で戦争をしないまま、今後も「戦後」が続くのだとすれば、「あの年に起こった大きな運動が」、と顧みられることでしょう。

海外のメディアも、この安保関連法の成立とそれに対する反対運動の二つを中心に、積極的に報じていました。

いま考えておきたいこと

安保関連法の成立から施行（2016年３月29日）、そして2016年の参議院議員選挙（７月10日）にかけて、大学で学生の様子を見たり、講演で聴衆の反応を見たりしながら、考えなければいけないことがあると感じていました。

2015年、安保関連法が国会で審議され、様々な問題点や矛盾が明らかにされるにつれて、安倍晋三内閣の支持率は下がっていきました。９月になるとほとんどの報道機関が、支持率が30％台に落ちたことを報じていました。しかし、その後、支持率は40％以上へと上昇していきました。個別の政策について問うと、安保関連法の成立を支持する声は決して高くはありません。にもかかわらず、安倍内閣は逆に支持を強め、2016年の参議院選挙では、野党統一候補は善戦したものの、自民党・公明党が過半数を確保する結果となりました。

これは、なぜなのでしょうか。政府与党は安保関連法について、法案成立後も「ていねいな説明に努めている」などといいますが、国民が納得できるような説明はしてきませんでした。マスメディアが十分にこれを報道してこなかったという問題もあります。その影響もあって、私は、特に次の四つのことについて、人々があまり意識していなかったのではないかと感じています。

1　そもそも安保関連法で何が変わったのかについて
2　日本国憲法の立憲主義の意味について
3　日本国憲法の意義、平和主義・第９条の意味について
4　国際情勢が変化している中で、日本の安保政策も変わるべき、という政府側の論調について

この四つのことを、理解を深め、また記憶する必要がある、そう感じました。これが本書の目的です。もう少し具体的に書きましょう。

1　そもそも安保関連法で何が変わったのかについて

安保関連法とは何かを、私の周囲の大学生に聞いても、ほとんどが説明できませんでした。説明できないどころか、安保関連法が成立したことすら知らない学生が大多数です。私の周囲の学生だけではありません。「（同法に反対する）署名を集めていたら、こんな法律ができていたなんて知らなかった、といわれた」という話はよく聞かれます。

また、私の周囲のある大学院生は、「この法が成立しても、日本が戦争などに加わるはずがない」といっていました。しかし、この認識はまったくの間違いです。第12章以降で述べるとおり、この法によって日

本は他国と戦争することが可能になり、その可能性は格段に高まりました。

このように、安保関連法は十分に理解されていないというのが実態だと思います。本書では、第12章・13章で安保関連法についてわかりやすく説明します。

2　日本国憲法と立憲主義の意味について

上に述べたことと関係しますが、日本国憲法の歴史的な意義、価値について、意識していない人が多いように思われます。憲法について深い

2016年参議院選挙前の世論調査から

朝日新聞2016年6月6日付に、2016年の参議院選挙前の世論調査が載っています。あれだけ大きな問題のある安保関連法が成立し、憲法がふみにじられているにもかかわらず、それが重大なことだと認識されていないとも考えられます。憲法改正についても、争点の一つであるという認識がなく、また両議院の３分の２で改正の発議がされることも理解がなかったようだとの調査がありました（高知新聞2016年7月5日付）。

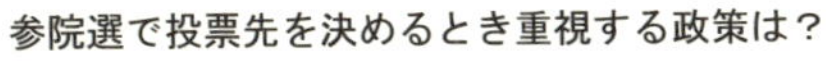

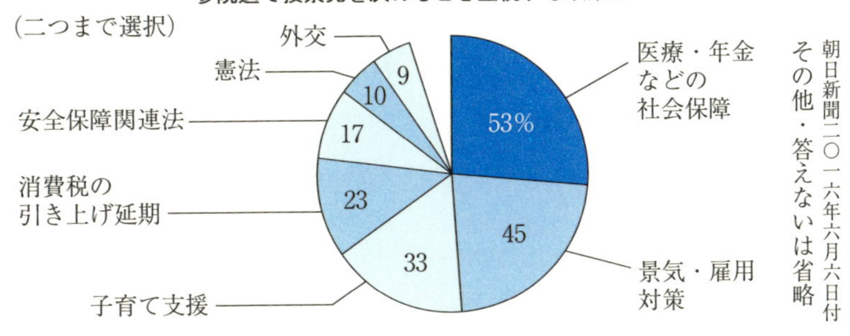

理解があれば、これをないがしろにした安倍政権の過ちの大きさがわかるはずです。

憲法と安保関連法の関わりについては、まず立憲主義の破壊という点で大きな問題があります。政府は憲法の諸原則にもとづいて政治を行わなければならない、これが立憲主義ですが、一般に誤解もあるようです。これは14章でふれます。

3　日本国憲法の意義、平和主義・第９条の意味について

そして、もう一つは安保関連法が憲法前文、憲法第９条を中心とした日本国憲法の平和主義に反しているということです。最も深めるべきはこの点です。日本国憲法の平和主義、とりわけ、前文と第９条がいかなる意味を持っているのか。歴史的な意義を持つのか。第９条の理念を実現するために人々がどのような努力をしてきたのか。……このことが残念ながら十分に理解されていないように思われます。

日本国憲法は、アジア・太平洋戦争後の日本の武装解除という、きわめて現実的な要請のもとに出発しました（第２章）。そして一方で、人類史的な平和思想の集大成として平和主義と第９条は誕生しました（第７章）。「全世界の国民」の「平和のうちに生存する権利」を求めた憲法は「理想」でもありました。憲法前文にそれが書かれています。

> われらは、全世界の国民が、ひとしく恐怖と欠乏から免かれ、平和のうちに生存する権利を有することを確認する。……日本国民は、国家の名誉にかけ、全力をあげてこの崇高な理想と目的を達成することを誓ふ。

人々はその理想の実現をめざして、努力してきたのです。戦後70年

以上、日本が他の国の人々と、殺し殺される関係をもつことがなかったのは、平和主義・憲法第９条を実現しようとした努力とたたかいの成果です。憲法の平和主義を掲げて各地で基地公害とたたかいながら、憲法の価値を深めてきました。現在の運動は、この努力の延長線上にあります。平和主義の意味とともに、人々のこの努力についても、本書でふれ

原爆の火と9条の碑

平和の塔と憲法第9条の碑（長野県中野市・真宝寺、左)。2009年建立。平和の塔には原爆の火が灯されています。1989年に分火した「原爆の火」は真宝寺本堂にありましたが、2009年に平和の塔を建設してここに灯しました。憲法第9条の碑もそのときに創られました（「原爆の火」については『知っていますか？　日本の戦争』参照)。

中野市内にはもう一つ立派な９条の碑もあります（長野県中野市・谷巌寺（こくごんじ）、右)。市内に二つも９条の碑があるのは珍しいです。

たいと思います（第４章・５章・６章）。

日本政府は「平和主義」を守り続けてきたのか

一方で、もう一つ、誤解が大きいのは、「日本政府は」ずっとこの平和主義・憲法第９条を守り続けてきた、とりわけ核兵器の被害を受けた日本は、政府が核に反対する運動を続けてきた、というものです。だから、平和国家・日本が、今になって戦争する国になろうはずがない、と考える人がいます。これは、戦後の自民党政権が改憲を進めてきた歴史やアメリカの核政策に追随してきた歴史を十分に理解していないからです（第３章・８章・17章）。また、現在、平和主義を歪める様々な動向も進行しています（第16章・18章）。本書では、この点についても述べたいと思います。

４　国際情勢が変化している中で、日本の安保政策も変わるべき、という政府側の論調について

安保関連法を支持する意見として、国際情勢が変化しているのだから、日本の安保政策も変わらないといけない、というものがあります。この「国際情勢の変化」は、政府も積極的に述べていることです。二つの意味があるようです。

一つは、アジアにおける隣国との問題です。中華人民共和国（中国）や大韓民国との国境をめぐる争い、中国の軍備増強、朝鮮民主主義人民共和国の核実験やミサイル発射などです。もう一つは、昨今、増えている「テロ」に対する問題です。「対テロ戦争」が各国で繰り広げられる中、日本だけ平和を追求していてよいのか、日本も武力を用いて毅然とした態度で「テロ」にのぞむべき、という意見です。

しかし、どちらの国際情勢についても、なんとなく不安を拡大させな

がらそう思っているだけで、詳しい事実を知っている人は多くありません。大学生に、「テロ」はなぜ起きたのか、と尋ねても、明確な返答はありません。近隣諸国との軋轢（あつれき）についても同様です。「竹島はどこにあるの？」と聞いても、正しい答えはほとんど返ってきません。つまり、

被害が少なくなかった対地射爆撃場

福岡県遠賀郡岡垣町。この海岸の右手には「三里松原」と呼ばれる景勝地があります。戦前、日本陸軍が飛行場を建設、戦後はアメリカ軍がこれを接収し、後に、飛行場と一体的な施設として三里松原を「対地射爆撃場」として整備しました（1972年、「岡垣対地射爆撃場」に名称変更）。訓練を実施したのは板付（いたづけ）・岩国基地所属の米軍ジェット戦闘機で、自衛隊も使用しました。ベトナム戦争中、訓練は実戦に近いものでした。周辺では墜落事故、爆弾による火災発生、不発弾で子どもが犠牲になる事故もありました。住民の返還運動により、1972年に返還、その後は自衛隊の専用訓練場となりましたが、これに対しても反対は続き、1978年に射爆場は返還されました。

具体的な事実関係も知らないまま、メディアにあおられて「軍事力を強化しないと怖い」と感じていることが多いのです。

本書では、この点についても第Ⅱ部（第９章・10章・11章）で詳述します。具体的にどのような紛争があり、その要因は何かを明示します。戦争がいかに人間性を破壊するものなのかについてもふれます（第15章）。その上で、軍事力ではない形で、憲法の平和主義のめざす方向で、紛争が解決できることを明らかにしたいと思います（第２章、19章）。

暮らしの中の日米安保

厚木基地と横須賀基地

下の写真は横須賀基地（神奈川県横須賀市）の原子力航空母艦「ロナルド・レーガン」（2016.4.2.）、そして厚木基地（厚木海軍飛行場。神奈川県大和市・綾瀬市など）です。

横須賀港にはアメリカ海軍第7艦隊の司令部、出撃基地があり、在日アメリカ海軍の本拠地があります。海上自衛隊横須賀基地も隣接しています。

写真のロナルド・レーガンは原子力航空母艦です。航空母艦（空母）

空母ロナルド・レーガン（上）と厚木基地の正面ゲート（下）

というのは、ほとんどが航空機を離艦・着艦させながら、航空戦を展開できる軍艦です。1973年から横須賀に空母が入港し、母港化するようになりました。他国の港を母港化する例は、ほかにありません。

（横須賀基地は、2008年から原子力航空母艦の母港とされています。原子力航空母艦とは、原子炉を積み、その核分裂反応による熱で作った水蒸気でタービンを回して運航します。原子炉の修理活動が横須賀基地内で行われるので、放射能汚染の問題や原子炉事故の心配があります。原子力潜水艦の入港も頻繁です。）

空母が横須賀港に寄港している間、ふだん空母に艦載されている（空母にのって戦闘する）航空機は、空母から離れています。離艦した航空機が拠点とするのが厚木基地で、ここで訓練をします。また空母の母港となると、空母には兵を含めた乗組員も数千人規模となるので、その住宅問題も生じます（59頁）。

厚木基地はアメリカ海軍厚木航空施設と海上自衛隊厚木航空基地の日米共同使用基地です。述べたように、横須賀を母港とするアメリカ空母の艦載機による離着陸訓練も行われます（19頁の写真を撮影した2016年2月22日は、朝鮮民主主義人民共和国の事実上の長距離弾道ミサイル発射〔2月7日〕を受けて、活発な訓練が行われていました）。

周辺住民の航空機による爆音被害は大きく、アメリカ軍機・自衛隊機の夜間・早朝の飛行差し止めと爆音被害の損害賠償を求める訴訟が何度も提訴されています。東京高裁控訴審判決（2015年7月30日）では周辺住民約6900人に94億円を支払い、自衛隊機の夜間・早朝の飛行を差し

愛の母子像（神奈川県横浜市・港の見える丘公園）1985年建立。

止める判決が出されました。

　アメリカ軍機の墜落事故も起きています。1977年、厚木基地を離陸し、空母に向かおうとしたアメリカ軍機が故障し、横浜市内の住宅地に墜落しました。市民3名が死亡、6名が負傷。「愛の母子像」（前頁の写真）はこの時の遺族が寄贈したものです（早乙女勝元『パパ　ママ　バイバイ』〔草土文化、1979年〕参照）。

第2章　日本国憲法の平和主義はどのように生まれたのですか？
――憲法９条の現実的な意味

日本国憲法の三つの柱

日本国憲法の平和主義はどのように誕生したのでしょうか。まずここでは、憲法の骨格について確認します。

日本国憲法は、GHQ（連合国軍最高司令官総司令部）が草案をつくり、これを日本の国会で審議し、可決しました。日本が敗戦した1945年の翌年、1946年のことです。第７章で述べるとおり、そこには世界の平和思想が結実し、それを当時の国民が圧倒的に支持して、日本国憲法が成立したのです。このときのGHQ草案は、日本の民間の憲法草案を参考にしていることはよく知られていますが、それだけでなく、戦前の日本の社会科学研究に学びながらアメリカが考えた改革構想が反映していました。その構想で、何より重視されたのは、アジア・太平洋を侵略した日本を、再び侵略国家にしないことでした。

それゆえ、第一の柱となったのが、日本を非武装にすることです。憲法は、日本の平和ではなく、日本からのアジアの平和と安定を求めてつくられたのです。その意味で、この憲法の平和主義は、当時きわめて現実的でした。日本国憲法の平和主義は現実的ではない、という意見がみられますが、これは憲法制定過程をまったく理解していない意見です（平和主義を転換していったのは、後に自衛隊創設を押し付けたアメリカです）。

第二に、日本を侵略国家にしたのは、戦前の大日本帝国憲法下において民主主義と自由が奪われ、人々が戦争を食いとめることができなかったから、という分析がありました。それゆえ、憲法で求められたのは、民主主義と基本的人権の確立でした。憲法第一章で主権が国民にあるこ

日本国憲法の歴史を知る場所

左は日比谷ダイビル（東京都千代田区）。日本国憲法は、敗戦直後に日本の研究者らがつくった数々の憲法草案を参考に、GHQが原案をつくりました。GHQが最も参考にしたのが憲法研究会の憲法草案要綱（1945年12月26日発表）でした。高野岩三郎、鈴木安蔵、森戸辰男らは、この日比谷ダイビル6階で草案をつくるために議論しました。森戸は後に衆議院議員になり、憲法草案要綱には書かれていてGHQ草案には無かった生存権規定を憲法に盛り込むよう尽力します。これは憲法第25条として実現することになります。

右下は五日市憲法草案の碑（東京都あきる野市、1979年建立）。憲法草案要綱などの憲法草案は、自由民権運動のころにつくられた私擬憲法の研究を土台にしていて、これが日本国憲法の源流の一つとされます。五日市憲法草案は私擬憲法の一つで、全編204カ条にも及びます。五日市近辺の青年たちとともに、小学校教員千葉卓三郎が1881年に作成しました。

とを明記したうえで天皇の役割を制限し、第二章で平和主義を主張し、その次に第三章で柱となる基本的人権をていねいに明記しています。憲法の中で一番分量も多いのがこの基本的人権の章です。基本的人権の確立にどれほど重きが置かれているのかがよくわかります。

第三に、生存権をはじめとする福祉国家的規定が盛り込まれました。戦前、日本の人々が積極的にアジア・太平洋への侵略戦争に加担していったのは、人々が貧困な生活を強いられていたからです。満州に行けば広大な田畑があるとそそのかされて移民をし、中国の人々の開拓地を奪っていきました。それゆえ、貧困を生み出さないために憲法第25条の生存権が認められ（条文の発案は日本の議員からでした）、また労働の権利なども明記されたのです。

憲法第９条が決めたこと

こうして日本国憲法には、条文の一つとして「非武装」が明記されました。憲法第９条で、非武装を国に命じたのです。

> 第９条　日本国民は、正義と秩序を基調とする国際平和を誠実に希求し、国権の発動たる戦争と、武力による威嚇又は武力の行使は、国際紛争を解決する手段としては、永久にこれを放棄する。
> ２　前項の目的を達するため、陸海空軍その他の戦力は、これを保持しない。国の交戦権は、これを認めない。

第１項で禁じたのが「国権の発動たる戦争」、「武力による威嚇」、「武力の行使」です。加えて第２項で、「戦力」を持たない、「国の交戦権」は認めない、としました。だから日本は、一切の戦力を持たず、戦争をしないのです。一切の戦争を放棄し、一切の軍事力も認めない憲法は前例がありません。その意味で、日本国憲法は他国に例のない、きわめて特殊な内容となっています。

第１項で禁じた戦争は侵略戦争だけで、自衛戦争は許される、という説があります。もし仮にそうだとしても、第２項により「陸海空軍その他の戦力」は持たないのだから、自衛戦争もできません。

ただ、この第１項で禁じているのは侵略戦争だけ、という説については考えるべきことがあります。それは、そもそも戦争において、許される戦争（正しい戦争）と禁じるべき戦争（正しくない戦争）という区分があり得るのか、ということです。日本のアジア・太平洋戦争が「自衛」

護憲の碑

栗原貞子の長女の栗原真理子さんがご両親のために建てられました（広島県広島市・栗原家墓所、1991年建立）。栗原貞子は被爆詩人で、原爆詩「生ましめんかな」、「ヒロシマというとき」で有名です。

「〈ヒロシマ〉というとき／〈ああ　ヒロシマ〉と／やさしくこたえてくれるだろうか／〈ヒロシマ〉といえば〈パール・ハーバー〉／〈ヒロシマ〉といえば〈南京虐殺〉／〈ヒロシマ〉といえば／女や子供を／壕のなかにとじこめ／ガソリンをかけて焼いたマニラの火刑／〈ヒロシマ〉といえば／血と炎のこだまが／返って来るのだ　……」

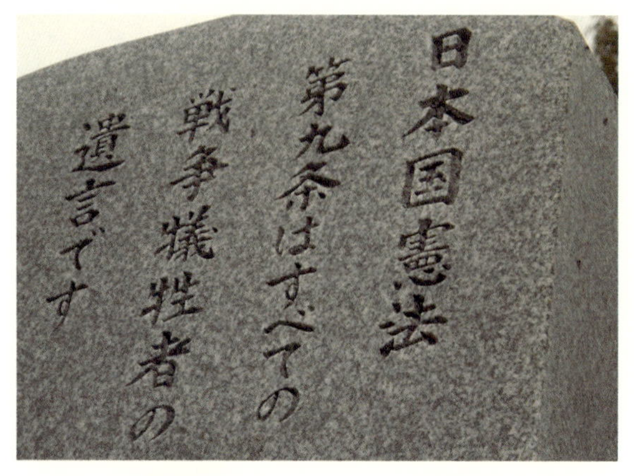

の名のもとに始まったように、多くの侵略戦争は「自衛」といいながら始められます。それゆえ、第９条第１項において、自衛戦争を含めて、すべての戦争が放棄されているという説も根強くあります。

本書は、第１項でそもそもすべての戦争を認めていない、という立場で述べます。次節で示すように、憲法前文との関係からも、第１項ですべての戦争を認めていない、と考えるべきだと思われます。

戦没者顕彰碑（奈良県大和高田市・正行寺）。戦没者顕彰碑の裏面に「日本国憲法　第九条はすべての戦争犠牲者の遺言です」と書かれている

「前文」の意味

日本を再び侵略国家にしない、そのことの表明は第９条のみならず、憲法前文にも表れています。次の箇所です。

……政府の行為によつて再び戦争の惨禍が起ることのないやうにすることを決意し……

アジア・太平洋の人々に「戦争の惨禍」をもたらしたのは、政府の起こした戦争です。ゆえに、これを再び起こしてはいけない、と決意しています。ただ、ここで述べられている「戦争の惨禍」とは、アジア・太

日本国憲法前文

日本国民は、正当に選挙された国会における代表者を通じて行動し、われらとわれらの子孫のために、諸国民との協和による成果と、わが国全土にわたつて自由のもたらす恵沢を確保し、政府の行為によつて再び戦争の惨禍が起ることのないやうにすることを決意し、ここに主権が国民に存することを宣言し、この憲法を確定する。そもそも国政は、国民の厳粛な信託によるものであつて、その権威は国民に由来し、その権力は国民の代表者がこれを行使し、その福利は国民がこれを享受する。これは人類普遍の原理であり、この憲法は、かかる原理に基くものである。われらは、これに反する一切の憲法、法令及び詔勅を排除する。

日本国民は、恒久の平和を念願し、人間相互の関係を支配する崇高な理想を深く自覚するのであつて、平和を愛する諸国民の公正と信義に信頼して、われらの安全と生存を保持しようと決意した。われらは、平和を維持し、専制と隷従、圧迫と偏狭を地上から永遠に除去しようと努めてゐる国際社会において、名誉ある地位を占めたいと思ふ。われらは、全世界の国民が、ひとしく恐怖と欠乏から免かれ、平和のうちに生存する権利を有することを確認する。

われらは、いづれの国家も、自国のことのみに専念して他国を無視してはならないのであつて、政治道徳の法則は、普遍的なものであり、この法則に従ふことは、自国の主権を維持し、他国と対等関係に立たうとする各国の責務であると信ずる。

日本国民は、国家の名誉にかけ、全力をあげてこの崇高な理想と目的を達成することを誓ふ。

平洋の人々がこうむった日本の加害、侵略の被害だけを表すものではありません。日本国民が受けた被害、たとえば空襲であったり、原爆であったり、あるいは沖縄での地上戦での被害などについても、表しています。政府によって戦争が引き起こされたことにより、アジア・太平洋の人々、日本国内の人々は戦争の惨禍をこうむりました。それゆえ、再び国民の被害も、他国民の被害も起こさせないように、決意しているのです。そして、戦争ではなく「平和を愛する諸国民の公正と信義に信頼して、われらの安全と生存を保持」するとも決意しています。戦争、武力行使による解決ではなく、戦争が起こらないように平和外交をすすめることを期待しているのです。

前文はさらに次のようにも述べています。

> われらは、全世界の国民が、ひとしく恐怖と欠乏から免かれ、平和のうちに生存する権利を有することを確認する。

「平和的生存権」ともいわれます。「恐怖と欠乏」というのは、貧困、差別、飢餓、環境破壊などを含む、様々な人権侵害をさします。これらの人権侵害から、全世界の国民は免れている権利を持つ、だから、日本国民はそのような状態をめざすのです。

「恐怖と欠乏」をもたらす最たるものは、戦争です。あるいは戦力を持つことであり、武力を行使することです。いかなる戦争であろうと、国が戦争をし、あるいはそのための戦力を保持することは、個人の視点から見れば、個人の生命・生活を奪うものです。つまり、この前文の平和的生存権から考えれば、戦争に正しいものも正しくないものもありません。いかなる戦争であろうとも「恐怖と欠乏」をもたらしてしまうのです。この前文の要請からすれば、第９条第１項は侵略戦争も自衛戦争もすべての戦争を禁じていると解釈すべきでしょう（常岡〔乗本〕せつ子「日本国憲法の平和主義と戦後責任」『平和研究』第45号、2015年、参照）。

個人の人権の視点から平和を考える

憲法学者の浦部法穂（のりほ）さんは、このことを以下のように述べています。

「個人の視点からみれば、どんな戦争も、個人の生命・生活を奪うものであり、したがって、決して正しくないのである。そしてまた、どんな軍隊も、生命・生活を奪うために組織され訓練されるという意味において、やはり決して正しくない」（『憲法理論の50年』、日本評論社、1996年、80～81頁）

日本国憲法は、このように個人の人権の視点から平和をとらえています。一人ひとりが平和のうちに生きるという人権の観点からみて、戦力の保持、武力行使は、認めないとしているのです。しかも、全世界の国民の人権の問題として平和をとらえ、あらゆる戦争を許さない、国家に武力行使も戦力の保持も許さない、そのようなメッセージを世界に発しています。

このような視点でつくられた憲法は、世界で初めてのものでした。日本国民は、アジア・太平洋戦争とその敗戦で戦争の惨禍を、すなわち加害と被害の実体験と、加えて、世界で初めて核兵器による惨状を体験しました。そのことから、平和に生きるという個人の人権の視点からすれば、あらゆる戦争が認められないことを学び、日本国憲法に明記したのです。

非武装にこめた人々の思い

武力の行使をしない、戦争をしない、そもそも戦力を持たない、それで大丈夫なのか、他国から攻められないのか、という不安があるかもしれません。

日本国憲法を制定するときにも、もちろんそのような議論はありました。日本国憲法第９条のアイディアは憲法政府案の作成に加わった幣原喜重郎（1945年10月～1946年５月に総理大臣）だという説が有力ですが、幣原は後に「我国の自衛は徹頭徹尾正義の力でなければならない」としながら、非武装論についてどう考えたのか、語っています。

「若し或る国が日本を侵略しようとする。そのことが世界の秩序を破壊する恐れがあるとすれば、それに依て脅威を受ける第三国は黙ってはいない。……その第三国は当然日本の安全のために必要な努力をするだろう。要するにこれからは世界的視野に立った外交の力に依て我国の安全を護るべき」だ（平野三郎「幣原先生から聴取した戦争放棄条項等の生まれた事情について」1964年）。

原子爆弾が登場した世界で軍縮は各国とも必要になる、だから日本が先頭に立ってこのような国際秩序をつくりあげる、という思いが、幣原にはありました。そしてこの幣原の提起が、議論を通じて、当時の憲法を制定しようとする人々の共通認識になっていくのです。後述するように、これらは当時の世界の平和思想の到達点でもあったからです（７章）。

前文は外交努力を求めている

戦争をしない、武力を持たないで、何をすべきか、憲法前文にはそのことも書かれています。「人間相互の関係を支配する崇高な理想を深く自覚するのであつて、平和を愛する諸国民の公正と信義に信頼して、われらの安全と生存を保持しよう」という決意です。武力ではなく、外交努力によって「安全」を保持するのです。第Ⅱ部でふれるように、○○の軍事力が危険だ、日本の領土が危ない、といった報道を必要以上に繰りかえすマスメディアのもとで、それを疑いもせずに信じ、「日本は、周辺国に対し軍事的に対抗しなければ安全を守れない」という気分になっている人々は少なからずいます。そういう人は、領土をめぐって軍事的な衝突が起きたらその先に何が待っているかを想像してみてほしいのです。犠牲者が出たり、大規模な戦争になったりしたら、取り返しがつきません。そうならないためには外交交渉に徹するしかないのです。その際に最も必要とされるのは、問題の平和的解決への相手の意志、すなわち「平和を愛する諸国民の公正と信義」に対する「信頼」ではないで

戦死者の思いに…

憲法第九条の碑（石川県加賀市、1992年建立）。真宗大谷派の僧侶・西山誠一さんが、加賀市立三谷小学校のグラウンドの脇に建てたものです。もともとここには戦死者を祀る忠魂碑がありました。西山さんは、忠魂碑を移転する際にその跡地を購入し、平和の丘と名付けて、この碑を建てました。裏面には「アジア太平洋地域の、戦争犠牲者に思いを馳せ、心に刻みつゝ　西山誠一之を建てる」と書かれています。

しょうか。

そして、「日本国民は、国家の名誉にかけ、全力をあげてこの崇高な理想と目的を達成することを誓ふ」とあります。しかし、私たちは、全力をあげて理想の達成のために努力しているでしょうか。「公正と信義」への「信頼」だけでなく、「全世界の国民が、ひとしく恐怖と欠乏から免かれ、平和のうちに生存する権利を有する」ために、具体的にすべきことは、いくつもあるように思います。

前文と第９条が示す外交

たとえば、第一に、現代のテロや紛争の要因ともなっている、貧困や飢餓、格差の拡大を食いとめるために、金銭や物資の援助、あるいは技術援助があります。とりわけ日本の科学・技術は、農業をはじめとする食料増産に役立てられるはずですし、環境に配慮した工業・情報産業の振興もできるでしょう。日本企業の儲けのためでなく、純粋に他国の人々の生活を向上させるための支援が求められます。

第二に、大国の支配が続き、生産基盤の可能性の奪われた途上国の中には、戦争や対立のために軍備に多額の国家予算をあて、医療や福祉、教育が十分にゆきわたっていない地域があります。それらの地域に、日本の医療・福祉技術や科学・技術を援助することで、死亡率を低下させ、病やハンディに苦しむ人々を減らせるはずです。

第三に、それらの地域に、教育の向上や紛争の平和的解決のための援助ができるはずです。教育を受ける権利を十分に保障されていない地域に学校を建て、設備を援助することが必要です。人々が学ぶ機会を増やすことで、豊かな生を育むことができます。また武力の行使ではない、平和的解決の方法が、なかなか理解されていない地域があります。そのような場で、ワークショップなどの学びの場をつくり、平和的解決の方法を伝えていくことも可能です。

第四に、根本的な問題として「恐怖と欠乏」を生み出す、「戦力」を削減し、廃絶する、国際的な合意のために日本がリーダーシップを発揮することです。特に、人々の生命を一瞬のうちに奪う核兵器を廃絶するために、被爆国日本がすべきことは多いはずです。

日本国憲法は、これらの努力によって、「全世界の国民が、ひとしく恐怖と欠乏から免かれ、平和のうちに生存する権利」を保障することを求めているのです。

ある NGO の活動から

すでに NGO やボランティア団体などが、ここに挙げたような取り組

「兵戈無用」

この日本国憲法第九条の碑（茨城県古河市・間中橋集会センター、2014年建立）は、近くの長命寺の前住職が建立しました。「兵戈無用」（ひょうがむよう）とは、『仏説無量寿経』にある言葉で、「兵」は兵隊のこと、「戈」とは盾と矛のことをいいます。武力も武器も用いる必要がない、という意味です。

みをすすめ、成果をあげています。二つだけ紹介しましょう。

ここ数年、アフガニスタン東部のガンベリ砂漠が緑化し、農産物が増えてきました。いまも木々は増え、難民が戻りつつあるといいます。灌漑用水路をつくる計画が成功し、安定した水源が確保されたからです。

米軍の射爆場でした

かつて日本陸軍飛行場であった国営ひたち海浜公園（茨城県ひたちなか市）。この地は、戦後、アメリカ軍が接収し、アメリカ軍水戸対地射爆場として訓練が行われていました。誤射事故が多く、事故で犠牲となった人もいます。

住民の粘り強い返還運動で、1973年に返還されました。「平和の象徴として公園を整備したい」という住民の要望で一部が公園となりました。現在、「歴史ギャラリー」としてこの地の歴史を資料で展示する一室があります。

これをすすめたのは、国際NGO（NPO）団体のペシャワール会の中村哲医師らです。「緑の大地計画」といって、水を確保し、農業の安定、生活環境、健康、治安を向上させる計画を立て、10年余りかかってこれを成功させました。実際に、農地が拡大し、農家として推定15万人以上もの難民が帰還しています。生活環境が向上し、治安が安定してきたことがわかります（中村哲『天、共に在り　アフガニスタン三十年の闘い』NHK出版、2013年、参照）。

平和ワークショップ

日本国際ボランティアセンター（JVC）というNGO団体があります。彼らはイラクのINSANというNGO団体と協力して、イラク北部のキルクークで子どもたちの平和ワークショップを創ってきました。

キルクークは、アラブ、クルド、アッシリア、トルクメンなど、言語も宗教も出自も違う様々な住民が暮らし、対立が絶えませんでした。石油をめぐる争いもあり、また近年、IS（第11章参照）も間近に迫ってきました。そのような街で、JVCは、異なる出自の小学生たちが、互いの文化や人間としての尊厳を学び、互いに理解・協力する大切さを身につけるためのワークショップを開始したのです。スポーツや芸術活動も織り交ぜながらすすめたその取り組みは、子どもたちの相互理解だけでなく、保護者たちの交流を生み出しました。さらに学校の教師たちが多文化共生の視点での授業を行うようになり、これらは現地のメディアによって好意的に紹介されています。

JVCは、平和ワークショップを日本と大韓民国、朝鮮民主主義人民共和国の３国の子どもたちにも行っていて、その交流プログラムは15年以上も続き、共感の回路を広げています。このように憲法前文に掲げられた理想にむけて、和解と平和、共生のために、成果をあげている日本の取り組みもあるのです。

現代においても現実的な憲法の平和主義

憲法の平和主義は、憲法制定時においてきわめて現実的な意味を持っていたと述べました。実はそれは、現代においても現実的です。三つの意味においてです。

一つは、述べてきたように、前文と９条が示す外交が民間レベルを中心にすすめられていて成果をあげ、発展途上国をはじめとして、日本の平和主義にもとづくこれらの外交にさらなる期待があることです。その期待に応えるべく、これまでの努力を政府が後押ししながら、国家として「全力をあげて」取り組むことができるか、問われています。

二つめに、他方で現在の日本政府は、たとえば安倍内閣のように侵略戦争を反省することなく、軍事大国化をすすめています。これにかつて侵略を受けたアジア・太平洋の人々は再び大きな脅威を感じてきました。「武力による威嚇」は放棄したはずなのに、逆行している現在、この平和主義の原点に立ち返って「平和を愛する諸国民の公正と信義に信頼」する道を取り戻すことが急務となっています。

三つめに、そのことと関係しますが、「政府の行為によつて再び戦争の惨禍が起ることのないやうにすることを決意」したにもかかわらず、その「戦争の惨禍」の記憶そのものが、日本の人々の間で共有されなくなっている現実があります。アジア・太平洋戦争における加害・被害の歴史、沖縄戦の事実など、私の身近な学生を見てもほとんど知らない人が多いです。小中高校の教育現場で歴史学の成果にもとづいた教育ができない状況、メディアでも国やスポンサーからの圧力や統制があって、そのような事実が大きく取りあげられない状況があるからです。このことが侵略を受けたアジア・太平洋の人々から脅威を感じられる要因にもなっています。これは同じ敗戦国でも負の歴史の記憶を刻み続けてきたドイツとはまったく異なるものです（『知っていますか？　日本の戦争』参照）。とすれば、私たちは「政府の行為によつて」どのような「戦争の惨禍」があったのか、確認する必要があるのではないでしょうか。

これらの意味において、憲法の平和主義は現在でもきわめて現実的な意味を持っているのです。

第3章　自衛隊・アメリカ軍と憲法との関係は？

自衛隊の発足

平和主義を掲げた憲法があるにもかかわらず、朝鮮戦争が始まり（1950年〜）、国連軍として朝鮮半島に占領軍が出兵すると、アメリカは日本に再軍備を求めるようになりました。警察予備隊などを経て、自衛隊が創設されるのは1954年です。これは明らかに「戦力」であり、第９条で放棄したはずの「武力による威嚇」にもなりかねません。憲法学研究者は圧倒的多数がこれを憲法違反としましたが、政府は自衛隊を持ち続けています。現在、以下の三つの隊があります。

陸上自衛隊　　海上自衛隊　　航空自衛隊

自衛隊の解釈と人々のたたかい

自衛隊を創設した時の、政府の解釈は以下のようなものでした。

①憲法の下でも独立国として固有の自衛権を持つことを認められている

②自衛のため必要相当程度の実力部隊を設けることは認められる

③自衛隊は、その自衛のための必要相当程度の実力であり、憲法の禁止する「戦力」にはあたらない

自衛隊は「戦力」以外のなにものでもないので、この解釈はかなり無理があります。そして、政府のこの解釈は、必ずしも自衛隊の活動を制約するものでもありません。現に政府は自衛隊を増強し、アメリカ軍との共同演習などもしてきました。ただし、この60年以上の間、「自衛隊は必要最小限の部隊だから、侵略されたときに守る専守防衛のためだけにあり、海外へは決して出動しない」と政府はいい続けてきました。こ

れはなぜでしょうか。

一つには、自衛隊を「合憲」とする政府の立場自体が、上記のように「自衛」を大義名分としてきたからで、いくらなんでも「自衛」と他国での軍事行動を結びつけることは、政府にもできなかったという事情があるのでしょう。そしてもう一つ、政府の「自衛隊は合憲」という論に対し、多くの人々が政府の無理な解釈を追及し、憲法の平和主義を守る運動を粘り強くすすめてきたからです。人々の平和運動、反戦運動が、自衛隊の野放図な活動を食い止めてきたのです（第4、5章。渡辺治『現代史の中の安倍政権』かもがわ出版、2016年、も参照）。

村民1700名が誓ったこと

誓いの塔（東京都新島村、1968年建立）。新島には、1966年ぐらいから、アメリカ軍射爆場の建設計画がありました。水戸射爆場（34頁）を移設する計画です。

新島島民はこれに反対し、全村民が結集して反対するシンボルとして、「誓いの塔」を建てました。村の各戸から抗火石を一つずつ持ち寄り、費用も出し合い、完成させました。1968年10月15日の除幕式では、村民1700名が集まり、米軍射爆場絶対反対でたたかう誓いをしました。

日米安全保障条約

関連して、もう一つ確認しておきたいことがあります。

1951年に日米安全保障条約（日本国とアメリカ合衆国との間の相互協力及び安全保障条約）が結ばれ、これが1960年に改定され、今に至っています。この日米安保条約によってアメリカ軍が日本に基地を持ち、駐留しています（52頁に詳述）。

アメリカ軍には次の５軍があり、すべて日本に駐留しています。この在日米軍駐留経費の75％は日本政府が負担しています。

陸軍　　海軍　　空軍　　海兵隊　　沿岸警備隊

海兵隊は敵地に乗り込むときの「殴りこみ部隊」で、アメリカ本国以外で基地があるのは日本だけです。またアメリカ海軍の航空母艦（空母）の母港がアメリカ本国以外にあるのも日本だけです（横須賀にあります。18頁参照）。

在日アメリカ軍の解釈と人々のたたかい

アメリカ軍は「戦力」です。これが国内に駐留していることは、日本国憲法で禁じた「戦力」が日本にあることになります。ところが政府は、憲法が禁止している「戦力の保持」とは「いうまでもなく我が国が保持の主体たることを示す。米国駐留軍は我が国を守るために米国の保持する軍隊であるから、憲法九条の関するところではない」と強弁して、米軍基地を認めています。

この解釈が日本国憲法の平和主義と矛盾するのは明らかで、後述するように在日米軍は違憲とする判断を裁判所が示したこともあります。各地で米軍基地による基地公害があり、人々はこれに抗議し、憲法の平和主義との矛盾を追及してきました。米軍基地の撤去や基地返還を求める運動も各地で展開されてきました。自衛隊が米軍と一体となって海外で戦争することを許さなかったのは、米軍も自衛隊も、その基地も許さないという、これらの運動があったのも大きな要因です。

次章では、この平和主義を守るたたかいについてくわしく述べましょう。

横田基地周辺。民間空港をつくる計画があり、周辺住民は反対しています

暮らしの中の日米安保

在日アメリカ軍司令部、在日アメリカ空軍司令部横田基地、航空自衛隊横田基地

（東京都福生市・西多摩郡瑞穂町・武蔵村山市・羽村市・立川市・昭島市）

戦前の陸軍の飛行場を接収し、アメリカ軍が使用を続けている横田基地（下、次頁上）には在日アメリカ軍司令部があります。新日米ガイド

ライン（軍事協力指針）が「平時」からの日米共同作戦の「円滑な活用」をかかげたこともあり、日米軍事部隊の運用、指揮を統制する「日米共同統合作戦調整センター」が横田基地に設置されています。自衛隊がアメリカ軍の戦争に参戦させられる体制が横田基地を中心につくられているのです。周辺地域への爆音、大気汚染など問題は大きく、飛行差し止め訴訟など、何度も基地公害訴訟が起こされています。横田周辺の広大な空域がアメリカ空軍の管制下におかれているという問題もあります。また、2017年からCV22オスプレイ配備も予定されています。

*

横田基地、厚木基地をはじめ、首都圏には広大なアメリカ軍基地があります。これは異常です。一国の首都圏にこれだけ広い外国軍基地を置いている国は他にありません。そして、そのことが都民をはじめ多くの人々に知られていないという問題もあります。

都心にもあります。ニューサンノー米軍センター（東京都港区・ニューサンノーホテル）は、在日米軍のための社交場・保養所です。日米地位協定などについての協議を行う、「日米地位協定各条に関する日米合同委員会」の会合もここで行われます。

赤坂プレスセンター（麻布米軍ヘリ基地、東京都港区）は青山公園（青山墓地）のすぐ隣。ヘリコプターが離着陸できる空間が柵で囲まれています。ここもアメリカ軍基地であり、ヘリコプターの騒音と危険性が問題となっています。敷地内の施設には米陸軍国際技術センター・太平洋などの研究機関があります。都心の一等地であり、長く基地返還運動の対象となっています。

ニューサンノー米軍センター

赤坂プレスセンター

都立府中の森公園（東京都府中市）は、市民の憩いの場です。府中市美術館などもあります。もとは旧陸軍の施設でしたが、戦後、アメリカが接収し、後にアメリカ空軍の通信施設などがつくられました（アメリカ軍府中通信施設）。返還運動によって、その一部が返還され、公園や学校などになっています。近くには未返還地や、撤去がすすまずパラボラアンテナや廃屋が残っている場所もあります。

旧府中通信施設

第4章　憲法の平和主義はどのような意味がありましたか？①
――アメリカ軍基地、安保をめぐるたたかい

岩国爆音訴訟

山口県の岩国基地周辺の住民は、爆音被害について訴訟を起こしています。

「『滑走路が沖出しされれば騒音は軽減されると期待していたのに。裏切られた気持ち』。岩国基地のそばで暮らす原告の流田信之さん（71）＝岩国市旭町＝は、頻繁に機影が横切る自宅の窓から青空を見やった。

アメリカ軍海兵隊岩国航空基地（山口県岩国市）。海上自衛隊基地と岩国錦帯橋空港が隣接する。アメリカ軍海兵隊は、戦争の時にまず敵国に殴り込みをする部隊。在日アメリカ軍海兵隊基地は、沖縄県内と本州ではこの岩国基地にある

基地のフェンスからわずか150メートルの距離に1978年から暮らす。航空機騒音の指標『うるささ指数（W値）』が90の区域で、国が補助する住宅防音工事の対象範囲だ。提訴翌年の10年に滑走路が約１キロ沖出しされた後も『威圧感ある軍用機特有の音の聞こえ方はほぼ変わらな

工事がすすむ愛宕山とその周辺

岩国基地では近年、空母艦載機移転のために、沖合への基地拡張工事が急ピッチですすめられました。1.4倍に拡張されましたが、返還された土地はありません。計画では、2017年までに厚木から59機の空母艦載機が移転されます。移転が完了すれば、岩国は120機以上のアメリカ軍戦闘機と1万人を超える米兵、米軍属、家族をかかえる、東アジア一の巨大米軍基地となります。工事はすべて「思いやり予算」（62頁）が使われています。

海岸埋立てのための土砂は、市内の愛宕山を削ったものです。この削られた愛宕山に空母艦載機部隊のための米軍住宅などが建設されようとしています。「愛宕山を守る市民連絡協議会」をはじめ、粘り強い反対運動が展開されています。

フェンスごしに見える岩国基地

い』という。

窓には防音サッシが取り付けられているが、頭上から響く米軍機のごう音は日常的に電話での会話を遮り、テレビの音をかき消す。特にひどかったのは08年に膵臓（すいぞう）がんの手術をし、退院して療養していたとき。『横になっても寝付けなかった。安静とは程遠く、苦痛だった』と振り返る。がんは肺に転移した。今も治療に励む。」（中国新聞2015年10月９日付）

騒音の原因はアメリカ軍機です。山口県岩国市には、アメリカ軍海兵隊岩国航空基地があります。海上自衛隊基地も隣接しています。ここに、厚木基地からアメリカ海軍空母艦載機（18頁）も移転する予定です。2006年に、岩国市でこの空母艦載機受け入れ計画についての住民投票が行われ、圧倒的多数で反対となりました。しかし、その後の市長選で、基地容認派の市長が当選したこともあり、現在は計画が進められています。

岩国爆音訴訟は、爆音についての損害賠償と、早朝・夜間の飛行、空母艦載機移転の差し止めを求めたものです。2009年に始まり、2016年現在、係争中です。

にもかかわらず、岩国基地の強化がすすめられ、MV22オスプレイが頻繁に飛来したり、F35ステルス戦闘機の配備が計画されたりしています。中国・四国地方各地での低空飛行訓練も爆音被害と不安を与えています。

暴力装置としての基地とたたかう

基地は戦争を準備し、行う施設です。暴力の準備をし、敵を殺傷する訓練・準備をするところです。そこでは、軍事的合理性が最優先にされ、「人権」を中心に考えることはありません。ゆえに、周辺の住民に対する人権侵害が繰り返し行われるのです。

たとえば、民間航空機の場合、安全を最優先にして航行します。「人権」を考えます。軍の戦闘機の場合は敵との戦いにいかに勝つかという「軍事」、「暴力」が最重要課題になります。夜間離発着訓練や低空飛行は、周辺住民の生活に多大な悪影響を及ぼします。しかし、軍は軍事作戦の円滑な遂行を追求します。ゆえに訓練時に住民の人権を最優先にすることはないのです。爆音、大気汚染、水質汚染、墜落事故、誤射事故、軍人・軍属による凶悪犯罪など、基地公害が起きるのはそのためです。

戦後、アメリカは旧日本軍基地を接収するなどして、基地や演習場をつくりました。農民が開拓した農地などを基地・演習地にしたところもあります。1950年の朝鮮戦争勃発後、アメリカはさらに演習地を増やそうとしました。これに対して、周辺住民を中心に、基地返還運動や基地計画を撤回させる運動が起こされました。全国から支援が集まり、基地を返還させた土地、計画を撤回させた土地がいくつもあります。岩国基地のように、基地公害に対する損害賠償請求や飛行差し止めを要求する運動もあります。

生きていた憲法の平和主義

　そのとき、たたかいの根拠となったのが、日本国憲法に明記された平和主義であり、あるいは基本的人権です。日本国憲法に平和主義がうたわれているにもかかわらず、それに反して戦争の訓練が国内で行われていること、戦力の保持・増強が公然とすすめられていること、それが武力による威嚇にほかならないこと、平和のうちに生きる権利が侵害されていること、これらを根拠にアメリカ軍基地・演習場に対する反対運動が繰り広げられました。そしてアメリカ軍基地に反対することで、「再び戦争の惨禍が起ること」を防ごうとしたのです。

　日本国憲法の平和主義は、こうして戦争に反対する大きな力となっていました。世界から受け継いで憲法という形で結実した平和思想は、各地でのたたかいの根拠となり、そしてたたかいの中で人々に浸透し、豊かに発展したのです。

砂川闘争

　たたかいの中には、裁判闘争となり、大きな結果を残したものもあります。砂川闘争はその一つです。

　戦後、アメリカは、東京にある旧日本軍の立川飛行場を接収し、滑走路を拡張しました。これが後のアメリカ空軍立川基地（立川飛行場）です。

　1950年代半ば、さらに基地拡張が計画され、住民を中心に基地反対運動が大きくなりました。農民たちは農地が奪われること、平和が脅かされることに頑強に抵抗したのです。1957年７月、基地拡張に反対するデモ隊の一部がアメリカ軍基地に立ち入ったとして、７人が「日米安保条約に基づく刑事特別法」違反で逮捕起訴。この裁判は、軍事同盟的な日米安全保障条約が憲法違反ではないのか、違憲だとすれば刑事特別法で被告を裁けないのではないかという論点で、争われることになりました。

一審の東京地方裁判所・伊達秋雄裁判長は、日米安全保障条約は憲法第９条の「戦力の不保持」に違反するとし、全員無罪としました（伊達判決・1959年）。憲法前文の理想を語る格調高い判決でした。

昭和記念公園と「平和之礎」

アメリカ空軍立川基地は1977年に全面返還されました。住民の返還運動が実った結果です。返還された土地は、昭和記念公園（東京都立川市、左）など市民の憩いの場として利用されているところもあります。「平和之礎」（1975年建立、右）は砂川闘争20年を記念して建てられたもの。周辺には耕作地が広がり、「砂川闘争ゆかりの地」を示す案内板もあります。

「従来のわが国の軍国主義的、侵略主義的政策についての反省の実を示さんとするに止まらず、正義と秩序を基調とする世界永遠の平和を実現するための先駆たらんとする高遠な理想と悲壮な決意を示すものといわなければならない。」

ところが、この判決の直後、アメリカ政府はマッカーサー２世駐日大使を通じて内密に当時の藤山愛一郎外務大臣と田中耕太郎最高裁長官と接触、「伊達判決破棄」を要求しました。そして最高裁は、判決を破棄します。

「憲法第９条は日本が主権国として持つ固有の自衛権を否定しておらず、同条が禁止する戦力とは日本国が指揮・管理できる戦力のことであるから、外国の軍隊は戦力にあたらない。したがって、アメリカ軍の駐留は憲法及び前文の趣旨に反しない。他方で、日米安全保障条約のように高度な政治性をもつ条約については、一見してきわめて明白に違憲無効と認められない限り、その内容について違憲かどうかの法的判断を下すことはできない。」

この結果、再度審理を受けた一審で有罪判決となり、被告は罰金刑となりました。ここには二つの大きな問題があります。

一つは、高度に政治的な行為については合憲かどうか判断できない、という最高裁の意見（「統治行為論」といいます）についてです。本来、憲法判断をするのが司法の役割で、立法・行政の憲法違反を止める最後のとりでが最高裁判所です（165頁参照）。にもかかわらず、この件では最高裁がその役割を放棄しました。これでは三権分立と立憲主義が成り立ちません（第14章）。

もう一つは、日本の司法がアメリカの不当な介入を受けたということです。最高裁長官がアメリカ政府の圧力に従ったことそのものが、裁判官の独立を脅かすことで、憲法に違反します（憲法第76条３　すべて裁判官は、その良心に従ひ独立してその職権を行ひ、この憲法及び法律にのみ拘束される）。最高裁は、この二つの点で、憲法を自らないがしろにしました。

内灘町歴史民俗資料館・風と砂の館

朝鮮戦争中の1952年、石川県内灘村にアメリカ軍の試射場を設置する計画が起こりました。地元住民とこれを支援する全国から集まった人々が反対運動を続け（内灘闘争）、1957年、アメリカ軍はこれを撤去しました。風と砂の館（石川県内灘町）は内灘闘争の解説も含めた地域の資料館です。

読谷焼の北窯

沖縄県読谷村にはアメリカ軍不発弾処理場がありました。住民地域は近く、大きな爆破音、震動、鉄の破片の飛散、毒ガス事故など、村民に不安と損害を与えていました。再三の撤去の要求により、1978年に撤去、返還。いまその地に伝統工芸の読谷焼の窯がつくられています。

新日米安保条約と安保闘争（1960年）

1951年に調印した日米安全保障条約（1952年発効、旧安保条約）は、日本を守る義務が明記されていなかったり、日本の内乱などに米軍が軍事介入できるといった条項があるなど、この条約を支持する立場、批判する立場の双方から批判が多くありました。砂川闘争などの反米基地闘争が激しくなる中で、アメリカは日米安保条約の改定交渉に応じました。

新日米安保条約は1960年に発効します。内乱条項は削除され、アメリカによる日本の防衛義務が明記されました。そして、日本もいっそうの軍事増強義務を負い（第３条）、また在日米軍基地が攻撃されたときには日本も攻撃に対処する義務を負うことになりました（第５条）。日米安保の対象は「極東」とされたので、アメリカが日本外の極東で軍事行動を起こした際にも、在日米軍基地が攻撃される恐れもありました。

1960年5月26日、新安保条約に反対し国会前を埋めた17万人の人々（毎日新聞社／時事通信フォト）

アメリカ軍が日本各地に基地を置くことは引き続き容認され、犯罪を犯したアメリカ兵をアメリカ軍に引き渡さなければならないなど、不平等な日米行政協定の内容は、基本的に日米地位協定として引き継がれました（60頁）。

軍事同盟としての特徴が強まり、不平等性の残る新日米安保条約への改定に対し、多くの国民が反対しました。この条約は、「武力による威嚇」を強めることであり、「戦力」の保持にもあたり、「政府の行為によつて再び戦争の惨禍が起る」可能性が増したからです。国会周辺では連日20万人以上の学生、市民がデモを行いました。条約批准に合わせ来日する予定だったアメリカのアイゼンハワー大統領は訪日を中止し、岸信介首相は退陣に追い込まれました（この後、日米安保条約は改定されることなく、「日米ガイドライン」〔日米軍事協力の指針〕という形で日米安全保障条約の内容を実質的に改変していきました）。

日本国憲法の平和主義を守る人々のたたかいに、憲法改正をねらっていた自民党はじめ保守勢力は大きな衝撃を受けました。この後、しばらくの間、憲法改正は封印されました。それが政権の命取りになりかねないことを痛感したからです。

恵庭事件

基地や演習場に対する反対闘争はアメリカ軍に対するものだけではありません。自衛隊こそ、日本国憲法の平和主義に反するとして、数々のたたかいが繰り広げられてきました。

北海道恵庭町（現・恵庭市）で酪農を営む野崎健美・美晴さん兄弟は、隣接する自衛隊の実弾射撃演習などで乳牛の流産や乳量減少など多くの被害を受け、何度も抗議していました。1962年、「境界付近での射撃訓練については事前に連絡する」という自衛隊との確約が破られたことから、自衛隊の演習本部と射撃陣地を連絡する電話通信線を数か所にわたって切断、自衛隊法違反の

陸上自衛隊島松演習場（北海道恵庭市）。恵庭事件はこの演習場での実弾射撃演習が原因だった

罪で起訴されました。

被告側は、自衛隊法が憲法違反であるから自衛隊も違憲として無罪を主張、自衛隊の合憲性が争われました（1967年、判決は無罪。自衛隊の憲法判断は回避）。

長沼ナイキ基地訴訟

1968年、北海道夕張郡長沼町馬追山に航空自衛隊基地建設計画が発表されました。ナイキＪ・ミサイルという敵の爆撃機を迎撃するミサイルを設置するためです。農林大臣が基地建設という「公益上の理由」を根拠に馬追山の保有林指定を解除したことに対し、地域住民が訴訟を起こしました。自衛隊は憲法第９条に違反し、基地建設のために「保有林」指定を解除することは「公益上の理由」にならない、逆に外国からの攻撃対象となり「平和的生存権」が脅かされる、という主張です。

長沼ナイキ訴訟の発端となった北海道長沼町馬追山からの風景。木々に隠れたあたりに長沼分屯基地がある

一審の札幌地方裁判所・福島重雄裁判長は、自衛隊を憲法違反としました（1973年）。保安林指定解除処分が地域住民の「平和的生存権」に対する侵害となること、自衛隊は明らかに軍隊であり、「憲法第９条第２項によってその保持を禁ぜられている『陸海空軍』という『戦力』に該当する」としたのです。

ところが二審の札幌高裁はこの判決を破棄、最高裁も憲法判断をしないまま訴えを棄却しました。札幌地裁の福島重雄裁判長は、判決前、同地裁の平賀健太所長より訴えを棄却するよう示唆したメモを渡され、裁判官の独立（憲法第76条３項）が脅かされました。さらに、福島裁判長は、この判決の後、昇進することができず他県に左遷されました。

このようにして、憲法の平和主義を守ろうとする司法に圧力をかけていったのです。

百里基地への抵抗

茨城県小美玉市に航空自衛隊百里基地があります。ここでは、半世紀以上、自衛隊基地反対闘争が繰り広げられています。

読谷飛行場を返還させて

1943年、旧日本軍が沖縄県読谷村（よみたんそん）に飛行場を建設し、戦後、アメリカ軍がこれを接収しました（読谷補助飛行場）。人身事故、爆音など数多くの基地公害に苦しんだ住民は、激しい抗議とともに粘り強く返還運動をすすめ、2006年、全面返還されました。「歴史的な事業であること」、「村をあげての取り組みであること」、それらを「未来に引き継ぐ」ことに意義を見いだし、返還の碑という８基の石碑がつくられています。左は「四　度重なる基地被害」、右は「六　軍事演習抗議・返還へ」。

「耳を塞ぎたくなるほどの轟音を発しながら、Ｆ15やＦ４戦闘機が次々に飛び立つ。『若い人には格好良いのかな。でも人殺しの道具であることも分かってほしい。自衛隊はなくてもいい』。小美玉市の航空自衛隊百里基地の敷地に食い込む約五千平方メートルの民有地で、滑走路を見つめる梅沢優さん（63）の表情は険しい。

基地建設が始まった一九五〇年代から、最後まで国の買収を退けたこの土地は『平和公園』と名付けられた。基地の中央近くに位置し、そのために滑走路へ続く誘導路は『くの字』に曲げざるを得なかった。平和公園は基地建設反対運動の象徴といえる存在だ。

攻防のさなかの五八年には、買収の合憲性をめぐって国と農家が争う『百里基地訴訟』が始まる。農家ら反対同盟側は『戦争放棄と戦力不保持を定めた憲法九条に照らせば、基地建設のための土地買収は違憲であり無効だ』と主張した。

長期にわたる基地反対の活動は、海外メディアの取材を受けることもある。『大金を積まれても、農家たちはなぜ国に逆らい続けられたのか』。決まって聞かれる質問に、梅沢さんは『戦争を経験した世代の強さだ。戦場のありさまを知るからこそ基地を嫌がり、金より平和が大事と考えた』と説明する。

同時にもう一つ、仲間とともに築いた公園で思う。『ここに立つと憲法の理念が見えてくる』。力を持たない個々の農家でも国策に反して土地買収を拒否できたのは、憲法が権力を縛り、国民の自由や権利を守ったからと考える。平和公園は反対運動の歴史にとどまらず、憲法の意義も雄弁に物語っている。」（東京新聞2013年６月24日付）

農地として開拓されていったこの地に、百里基地建設計画が持ち上がったのは1956年です。住民の反対運動は続き、用地買収をめぐり、住民と防衛庁の間で訴訟が争われました。住民側は、自衛隊の違憲性、憲法違反の自衛隊の用地のための買収行為は無効、と訴えましたが、結果は敗訴。しかし、百里基地に反対する人々が１坪ずつ土地を買って基地建設に抵抗し、今でも基地反対運動は続いています。1974年からはその土地で「自衛隊は憲法違反」の看板を掲げています。また、基地の真ん中にも売却を拒んだ土地が残っていて、百里平和公園と呼ばれています。毎年２月11日には公園内の百里稲荷を囲んで「初午（はつうま）まつり」があり、全国から人々が集い、基地反対のたたかいの決意を新たにしています。

百里基地を望む「九条の丘」（茨城県小美玉市）

百里平和公園「初午まつり」2016年２月11日

基地反対闘争と沖縄

基地に反対し、これとたたかうことは、平和のうちに生存する権利を国家に認めさせ、実現することです。そのたたかいが、基地公害による人権侵害をなくし、あるいは減らし、「政府の行為によつて再び戦争の惨禍が起ること」を防いできたのです。自衛隊員が戦争によって他国民をだれ一人殺すことなく、また殺されることもなく60年あまりを過ごしてこられた背景には、憲法第９条とそれを力にしたこうしたたたかいがあったといえるでしょう。大国による軍事介入や「テロ」などの報復の連鎖が相次ぐなか、日本のこの国づくりはきわめて貴重なものです。戦後71年間の平和の所以(ゆえん)です。

しかし、米軍基地に関していえば、それらは日本に置かれ続けていますし、そこを拠点にベトナム戦争やイラク戦争が行われてきたことを忘れてはなりません。また、本土住民が基地反対闘争をたたかい、基地の返還や建設計画撤回を勝ち取った結果として、沖縄の基地が強化された面があることも忘れてはなりません。たとえば、もともとアメリカ軍海兵隊の基地はキャンプ岐阜、キャンプ富士など本土にありました。基地反対闘争を受けて、1950年代後半に本土から撤退、沖縄に移ります。それまで沖縄には海兵隊は置かれていなかったのです。

現在では在日アメリカ軍基地（専用施設）の約74％が沖縄に集中するといわれます。しかし、1950年代はじめはアメリカ軍基地の90％近くが本土に置かれていました。沖縄の人々も基地反対闘争を繰り広げました（第６章）。それでも、本土復帰（1972年）前、沖縄はアメリカの施政権下にあり、沖縄では日本国憲法を前面に掲げてたたかうことはできませんでした。

沖縄の人々は、日本に復帰して40年以上、日本国憲法のもとで暮らしているにもかかわらず、アメリカ軍基地があるがゆえの様々な被害に苦しめられています。その背景には上記のような経緯もあるのです。

本章の冒頭に岩国爆音訴訟について書きました。全国各地で基地の爆音とのたたかいがあり、各地の基地爆音訴訟は連絡を取り合い、「全国基地爆音訴訟原告団連絡会議」を結成しています。沖縄の訴訟の原告団も加わっています（第三次嘉手納基地爆音差止訴訟原告団、普天間米軍基地から爆音をなくす訴訟団、第５次・第６次小松基地爆音訴訟原告団、第９次横田基地公害訴訟原告団、第２次新横田基地公害訴訟原告団、岩国爆音訴訟原告団、第４次厚木爆音訴訟原告団）。

日本国憲法が国に命じたのは、すべての人々が平和のうちに生存する権利です。各地でのたたかいが手を結び、連帯すること、本土と沖縄が連帯することは、この平和的生存権を現実化する展望を切り開くための

池子住宅地区及び海軍補助施設（旧池子弾薬庫）

日本海軍の弾薬庫、毒ガス製造工場があった場所（神奈川県逗子市）を、戦後、アメリカ軍が接収しました。1973年に空母ミッドウェーが横須賀を母港化すると、乗組員の家族住宅が必要となり、80年にここが候補地に挙げられました。米軍からの返還を求めていた逗子市民は、これに反対し、二度の市長リコールや議会リコールでたたかいましたが、国が強引に建設に着工。さらに2000年代になるとアメリカ軍の住宅や小学校など追加建設をすすめました。

これらはすべて日本の「思いやり予算」によるものです。反対運動の中で、池子の森は古代遺跡があったり、希少動植物の宝庫であったりすることもわかってきました。住民の粘り強い運動で、一部は返還され、現在、「池子の森自然公園」などが開設され、市民の憩いの場、スポーツの場となっています。池子遺跡群資料館もあります。

貴重な努力であるといってもいいでしょう。それゆえ、私たちが、今めざすべきは、この歴史を確認しながら、沖縄とともに、基地をなくす運動をすすめること、暴力装置である基地を日本のどこにもつくらせないことです。

埼玉県朝霞市、新座市、和光市、東京都練馬区一帯には、「キャンプ・ドレイク（キャンプ朝霞）」と呼ばれるアメリカ陸軍基地があり、ベトナム戦争にも使われた。市民の根強い返還運動により、1970年代以降、ごく一部を除いて返還がすすんでいる。現在は図書館、学校などが建ち、県・市・市民と協議を重ねて跡地利用をしているところもある。2012年11月4日に公開された「朝霞の森」もその一つ

暮らしの中の日米安保　日米地位協定

日米安保条約第６条で、アメリカ軍が日本の「施設及び区域を使用する」と定めています。日米地位協定は、この第６条に基づき、米軍への基地（施設・区域）を提供し、アメリカ軍・アメリカ兵にさまざまな特権を保障することを詳しく規定した条約です。

安保条約第６条は、アメリカ軍が望めば、日本のどこでも基地にできるという、世界に例のない「全土基地方式」をとっています。地位協定はこの基地の設定、運営、警護、管理についてアメリカ軍に排他的な使用権を認め、日本の主権は及ばないのが現実です。アメリカ軍基地内の環境汚染の問題もあります。周辺住民にも多大な迷惑をもたらしていますが、これも日米地位協定で原状回復、補償などを、アメリカが免除されているからです。

日米地位協定が不平等な内容であるという問題もあります。アメリカ軍人・軍属が公務中に事件を起こした場合はアメリカ側に第一次裁判権があります。日本で裁けないのです。アメリカ側による裁判は当然、身内に甘い結果となっています。公務外の場合は日本側に第一次裁判権があると定められていますが、それでも現実的にはアメリカ兵が日本の裁判所で裁かれることはわずかです。重要事件以外は日本が裁判権を放棄するという密約があったからです。日本側が捜査も十分にできない問題もあります。

それゆえ、アメリカ軍人・軍属の犯罪は起訴されにくい（裁判になりにくい）結果になっています。2001年～2009年まで、国内の全事件の一般刑法犯の起訴率は約48％でしたが、米軍関係者による事件は約25％とほぼ半分です。

犯罪をしても十分に裁かれないという環境の中で、アメリカ軍人・軍属は、犯罪への歯止めが弱くなっています。凶悪犯が増える背景がここにあります。

思いやり予算

日米地位協定によれば、アメリカ軍基地はアメリカ軍が建設し、その管理・運営もアメリカ軍が負担するはずです。にもかかわらず、「思いやり予算」と称して、アメリカ軍基地で働く日本人従業員の給与、基地内の施設建設、水光熱費、訓練移転費などに日本の税金が使われています。現在、このなかには、アメリカ軍のグアム移転に際して、グアム新基地建設費用も含まれています。増えている米軍再編経費とは辺野古新基地建設などに使われているものです。

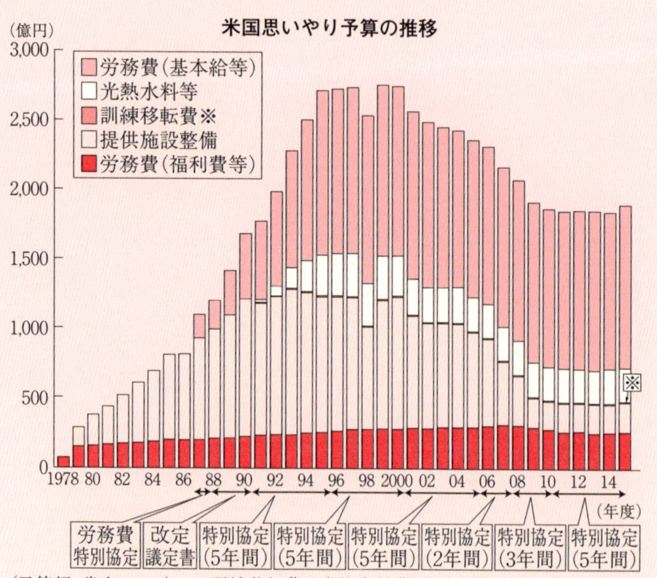

(予算額・歳出ベース) ※訓練移転費は光熱水料費と提供施設整備の間の細い線
しんぶん赤旗2016年3月22日付より

第５章　憲法の平和主義はどのような意味がありましたか？②
――基地に強いられる移転への抵抗

「永劫の里」

青森県三沢市四川目（よかわめ）。太平洋がすぐ目前に広がります。今はなくなった集落跡に、大きな碑が立っています。「永劫の里」と書かれた碑の裏面には、「四川目移転に題す」として集落の始まりからその歴史が語り起こされています。

「大地と天の恵みを受

「永劫の里　四川目移転記念碑」（青森県三沢市。1994年建立）

け、風雪と闘い、疫病、津波等の天災地変の脅威を乗り越え、繁栄してきた四川目の人々。幾多の辛苦を克服し、汗と涙と両手に血をにじませて築いたくらしを、築いては壊され壊されては築き、栄枯盛衰を繰り返した先人達。（中略）

さらに第二次大戦後の混乱期を乗り越え、農漁村として発展した住みよい豊かな四川目。この集落も大戦の終結以後、三沢飛行場に米国空軍の進駐駐留、我国航空自衛隊の駐在により、頭上を飛行する各種離着陸の騒音に悩まされ、（中略）轟音と共に軍用機の墜落、爆弾、燃料タンクの誤投下、さらに昭和六十年よりF十六戦闘爆撃機五十数機の配備、空母艦載機の夜間訓練（タッチ・アンド・ゴウ）による昼夜の区別なく騒音激化。実に言語に絶する。

この状況から住民の生命財産を守るため、そのつど三沢市を通し日本政府、米国空軍当局に飛行中止等抗議してきた。……」

旧日本軍の三沢飛行場は、戦後、アメリカ空軍に接収されました。現在は航空自衛隊とアメリカ空軍が使用し、同時に民間空港としても使われています。碑文にあるとおり、アメリカ軍F16戦闘機の爆音は激しく、周辺住民は多くの苦難を強いられてきました[※]。四川目集落の人々は、抗議を強めましたが、転居する人も多く、ついに「断腸の思いで」集団移転を決意します。1994年、移転完了を前に、この碑は建てられました。

※三沢基地の被害は周辺だけではありません。秋田県大館市では、2010年に比内地鶏が圧死する事件があり、これも三沢基地のF16戦闘機の爆音によって鶏がパニックを起こしたためだとアメリカ軍は認めています。

暴力装置としての基地は、場合によってはこのように住民生活を根こそぎ奪うこともします。たたかいの中で、やむなく補償金を得て移住した人々は、三沢市四川目集落だけでなく全国にいくつもあります。

基地・演習場のために移転した本土のまち

戦後、基地・演習場による基地公害のために集落を移転せざるをえなかった、その最初の事例は小松基地周辺の浜佐美町（石川県）といわれています。

旧日本軍の小松飛行場は、戦後、アメリカ軍に接収されていましたが、民間飛行場として使われるようになり、日本に返還されてからは、航空自衛隊基地としても使用されていました。自衛隊がジェット戦闘機の基地にするようになると、爆音被害が激化、周辺住民は何度も抗議を繰り返しました。しかし、超低空飛行の爆音被害を受けてきた浜佐美町は集団移転を決意、1974年に浜佐美本町の開町式が開かれています。

宮城県では、加美郡色麻町（しかまちょう）、黒川郡大和町（たいわちょう）、大衡村（おおひらむら）の３町村にまたがって、陸上自衛隊王城寺原演習場があります。1984年以降、日米合同演習も

浜佐美町分教場跡。1962年に防音校舎に改築したが、集団移転のために1967年廃校

大和町立吉田小学校嘉太神分校（住民の集団移転のため2004年閉校）

滋賀県高島市の饗庭野演習場付近。1992年頃まで北生見という集落があった

行われ、周辺住民は演習による基地公害に苦しんでいました。震度３の地震にも相当する155ミリ榴弾砲の衝撃波や騒音のため、嘉太神(かだいじん)集落など集団移転した集落がいくつかあります。現在、この大和町は東日本大

千葉県立柏の葉公園はかつて……

戦前、旧陸軍柏飛行場だったこの地（千葉県柏市）は、戦後、開拓されて農地となっていました。1950年、朝鮮戦争の勃発とともにアメリカ軍は通信所用地とし、1955年に柏通信所（キャンプ・トムリンソン）が開設されました。その後、基地拡充のために国がほとんどの農地を賃借し、開拓地は大部分が消滅させられました。

1977年、米軍は柏通信所の一部を返還するとともに、未返還地に「ロランC」（原子力潜水艦に核攻撃命令を伝える航法支援システム）局建設を計画しました。この計画に対し、地元住民は「米軍基地をなくす柏実行委員会」を結成して反対。ついに建設を断念させました。公園中央口にある土地区画整理事業の完成記念碑（1990年11月、写真）には「県民の基地返還に対する熱意が伝わり、昭和54年（1979年）8月14日全面返還されました」と書かれています。現在、この返還地には、柏の葉公園のほか、東京大学宇宙線研究所など、学校や医療機関が建っています。

震災による原発災害の放射性指定廃棄物最終処分場の候補地にも挙げられ、町は困惑しています。

滋賀県高島市には陸上自衛隊饗庭野演習場があります。戦前から旧日本軍演習場だったこの地は、戦後、アメリカ軍が接収し、1957年から陸上自衛隊演習場となりました。砲銃弾の射撃・爆破訓練は年間200回を超え、周辺住民は騒音や振動、砲銃弾の誤射に苦しんでいました。2013年には米海兵隊新型輸送機ＭＶ22オスプレイの本土初の訓練場にもなっています。この演習場周辺にも、演習場拡張や誤射の恐れなどから集団移転した集落があります。県の無形民俗文化財にも指定された集落の祭りが、移転によって途絶えてしまいました。

矢臼別のたたかい

川瀬氾二さんが北海道別海町矢臼別で開拓を始めたのは1952年のことでした。原野を切り拓き、酪農と農業を営んでいました。ところが、この開拓地に1960年代、陸上自衛隊矢臼別演習場の設置が決まりました。周囲の農民は農地を売り、離農していきました。

川瀬さんは用地買収を拒み、演習場の中に住み続けました。国や自衛隊からの様々な圧力に屈せず、川瀬牧場を営み続けてきました。

矢臼別演習場は、厚岸町、浜中町、別海町の３町にまたがる、自衛隊では日本最大の演習場となり、1997年からはSACO合意（79頁）により、アメリカ軍海兵隊の実弾射撃演習も始まりました。日米合同演習やヘリ訓練など、演習が激しさを増す中、川瀬さんはずっと「ここはわしらの土地」「自衛隊は憲法違反」としてたたかい、平和委員会の人々とともに演習の監視・記録を続けました。

「反戦地主」としての川瀬さんの行動は全国の人々を励まし、1965年から始まった川瀬牧場での平和盆踊りには毎年、全国から多くの支援者が参加しています。川瀬さんは2009年に亡くなりましたが、川瀬牧場の管理は矢臼別平和委員会の方々が引き継ぎ、現在でも平和盆踊りは続いています。

矢臼別平和碑

川瀬牧場のＤ型ハウス（倉庫）。日本国憲法前文と第９条が記されている

第6章　沖縄県民が幸せでない、というのはなぜですか？
──沖縄の基地とのたたかい

なぜ、沖縄県民が幸せではないのか

2016年6月19日、「元海兵隊員による残虐な蛮行を糾弾！被害者を追悼し、海兵隊の撤退を求める県民大会」（主催・「辺野古新基地を造らせないオール沖縄会議」）に約6万5000人が集まりました。沖縄県うるま市の女性を殺害したなどの疑いで、元米海兵隊員で軍属の男が逮捕された事件に抗議するためです。

「私自身は、どんな沖縄で生きていきたいのか、私が守るべき、私が生きる意味を考えるということは何なのか、日々重くのしかかるものを抱えながら現在生きています。

私の幸せな生活は、県民一人一人の幸せにつながる、県民みんなの幸

琉球新報
THE RYUKYU SHIMPO

怒り、悲しみ限界　6万5000人結集

「海兵隊撤退」を決議

「全基地撤去を」
父親、大会にメッセージ

6.19 県民大会

軍属事件抗議
被害者を追悼

「政府、本土国民も加害者」
玉城愛さん、声震わせ訴え

「地位協定の壁崩す」
翁長知事、不退転の決意

せが私の幸せである沖縄の社会。私は、家族や私のことを大切にしてくれる方たちと一緒に今生きてはいるのですが、全く幸せではありません。

同じ世代の女性の命が奪われる。もしかしたら、私だったかもしれない。私の友人だったかもしれない。信頼している社会に裏切られる。何かわからないものが私をつぶそうとしている感覚は、絶対に忘れません。」

沖縄県知事公室地域安全政策課
ホームページより

名桜大４年生の玉城愛さん（オール沖縄会議共同代表、SEALDs RYUKYU）はこのようにスピーチしました。玉城さんは、なぜ県民みんなが幸せではないと言ったのでしょうか。

沖縄戦から本土復帰まで――「捨て石」にされた島

沖縄の歴史と現状を知ると、そのヒントが見えてくると思います。大まかにふり返ってみましょう。

沖縄は、現在の日本で硫黄島とともに唯一、第二次世界大戦中に地上戦を体験した島です。1945年３月末、アメリカ軍が上陸。「鉄の暴風」といわれる猛攻撃を受ける中、日本軍によって住民も戦闘に駆り出され、軍民一体となった戦闘が行われました。このときの天皇及び軍部の作戦は、本土上陸戦の準備をするために沖縄戦で時間稼ぎをすること、つまり沖縄を「捨て石」にすることでした。

日本軍とともにガマといわれる壕（ごう）に避難していた住民は、死に追い込まれていきました。捕虜になったら殺されると教えられ、日本軍に渡された手榴弾で自害する人もいました（強制集団死）。軍人から泣く子の声が敵に聞こえるといわれて子どもを殺さざるをえなかった人もいました。軍は住民を守らなかったのです。筆舌に尽くしがたいこの悲惨な体験は、沖縄の人々の記憶に深く刻まれました。

1945年６月23日、組織的な戦闘が終了し、生き残った住民はアメリカ軍の収容所に収容されます。その間、アメリカ軍は沖縄の人々の家や農地を奪い、基地を建設していきました。

日本は戦争に敗れ、GHQ による占領が始まります。1947年９月、昭和天皇は GHQ・マッカーサーに「米軍による沖縄占領状態を長期間継続させることを依頼するメッセージ」を出します。このメッセージの通り、1952年にサンフランシスコ講和条約が発効し、日本が占領状態

憲法の岐路・私は言いたい
９条変えたら沖縄は戦場　元沖縄県知事・大田昌秀さん（91）

沖縄ほど憲法と縁のないところはない。それ故に、沖縄ほど憲法の大切さが身に染みているところもない。沖縄戦を生き残った者の務めとして、平和憲法を守りたい。

沖縄戦の当時は人間として生きられなかった。方言の使用は禁止され、標準語を話せない高齢者らはスパイ容疑で処罰された。旧制中学などに通う14歳以上の生徒たちは動員の法的根拠もないまま戦場に送り出され、過半数が犠牲となった。沖縄師範学校の学生だった私も、大本営発表のニュースを届ける情報宣伝隊員として島内各地の地下壕（ごう）を回った。

その中でいろんな話が耳に入った。日本兵が壕から住民を追い出し、「敵兵に見つかる」との理由で泣く子を銃剣で突き刺したことも知った。欧米帝国主義からアジア民族を解放する神聖な戦争だと信じていたが、絶望した。

戦後も人間不信に陥ったままだったが、1947年秋、配られた憲法の書き写しを見て、初めて生きる意味を見いだした。戦争放棄を掲げるこの憲法を、ずっと大切にしたいと思った。

米軍統治下の沖縄は土地を強制的に奪われ、米兵が事件を起こしてもまともな裁判もなく、憲法の適用外だった。だからこそ本土復帰運動は「平和憲法の下に帰ろう」がスローガンになった。

９条を改めたら日本は再び戦争ができる国になる。真っ先に攻撃の的になるのは、軍事基地が集中する沖縄だ。沖縄を再び戦場にしてはいけない。

（毎日新聞2016年７月６日付）

を脱した後も、沖縄はアメリカの施政権下に置かれたままになります。沖縄は戦後も「捨て石」だったのです。

本土では、アメリカ軍基地や演習場のいくつかに対し、大きな反対運動によって、これを撤去させたり、計画を撤回させたりしてきました。そのこと自体は、憲法の平和主義を守るたたかいであり、重要なことです。しかし、本土から基地が立ち退いたことによって、沖縄に集中したことも事実です。沖縄に基地を移設させることで、本土の多くの人々から見えないようにして、アメリカの暴力装置を温存させていったのです。

沖縄では1950年代、アメリカ軍基地が約1.7倍に拡大します。住民が居住や耕作を始めた土地でもアメリカ軍に強制的に接収されることもありました（1953年、土地収用令）。もちろん、沖縄でも「島ぐるみ（の土地）闘争」といって、非暴力の抵抗運動が起こりました。しかし、アメリカ施政権下で日本国憲法のない中で、アメリカ民政府の布令・布告と向き合いながらのたたかいでした。

沖縄が本土復帰するのは1972年。復帰にあたり、沖縄の人々は米軍基地の撤去を望んでいました。しかし、基地は残されたままでした。現在、日本のアメリカ軍基地（専用施設）の約74％が沖縄に集中しています。沖縄県全面積の約10％が基地です。戦後、アメリカ軍基地と隣りあわせに生きることを強いられた沖縄の人々は、苦難の道を歩みます。

沖縄の基地被害

基地は戦闘のための施設、暴力のための施設です。基地と隣りあわせに生きるということは、暴力と向き合いながらの、常に「恐怖」を覚える生活が強いられます。沖縄の人々は本土以上の基地被害に苦しみ続けています（『知っていますか？　日本の戦争』参照）。

たとえば、アメリカ軍機墜落事故がいくつもあります。1959年には、

嘉手納基地を飛び立ったアメリカ空軍戦闘機が、授業中の宮森小学校（石川市、現うるま市）に墜落し、小学生11人を含む17名が死亡、200

米軍人・軍属による復帰後の主な事件（県資料などから抜粋）

1972年　8月	宜野湾市で陸軍兵が女性を強姦、殺害
9月	キャンプ・ハンセン内で米兵が基地従業員をライフルで射殺
12月	沖縄市で海兵隊員が女性を強姦、殺害
74年　10月	名護市で海兵隊員が強盗、女性を殺害
82年　3月	金武町で海兵隊員に殴打された男性が死亡
7月	名護市で海兵隊員が女性を暴行、殺害
83年　2月	キャンプ・ハンセン内で海兵隊員がタクシー運転手を殺害
85年　1月	金武町で海兵隊員が男性を刺殺
91年　6月	沖縄市で海兵隊員２人が男性を殺害
93年　4月	金武町で海兵隊員が男性を殺害
95年　5月	宜野湾市で海兵隊員が女性を殺害
9月	米兵３人が少女を暴行
2012年　10月	海軍兵２人が女性に集団暴行。グアムへ出国直前に逮捕
16年　3月	那覇市でキャンプ・シュワブの海軍兵が観光客の女性を準強姦

米軍内の性暴力発生件数（米国防総省 SAPRO　15年度報告から）

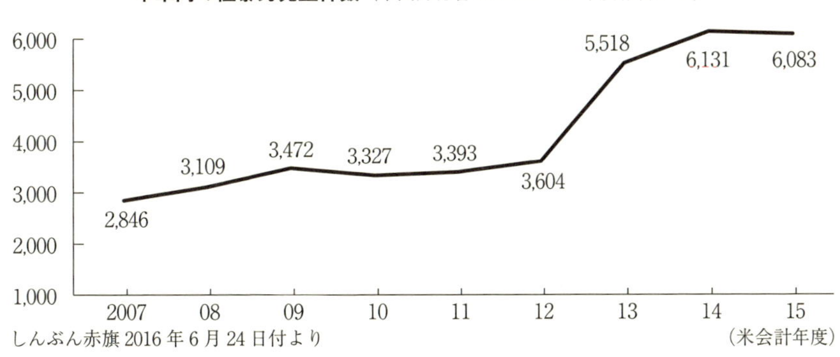

しんぶん赤旗 2016年6月24日付より

名以上が重軽傷を負いました（宮森小学校米軍機墜落事故）。2004年８月、普天間基地のアメリカ海兵隊ヘリコプターが沖縄国際大学に墜落しました。沖縄県内には、米軍機墜落を想定した避難訓練をしている小学校もあります。

爆音で生活環境も破壊されています。基地の周辺などを中心に多くの県民が、頭痛や睡眠障害など、心身に変調をきたしています。嘉手納基地、普天間基地の周辺住民は、爆音に対して裁判を起こしています。大気汚染、水質汚染、土壌汚染、誤射事故もあります。沖縄市サッカー場では、2013年６月に、改修工事現場からダイオキシン類を含んだドラム缶が発見され、周囲の汚染が発覚しましたが、ここは旧嘉手納基地跡地です。ドラム缶はベトナム戦争時の枯葉剤関連で、つまりアメリカ軍が汚染させたわけですが、日本の税金で回復措置をとっています。

アメリカ軍人・軍属による事件も絶えません（75頁の年表）。犯罪件数が増えているだけでなく、凶悪化しています。軍は人間性を破壊します（第15章）。戦地に行って人を殺害すること、その訓練をすることで、兵士たちは暴力的になるのです。

75頁下のグラフはアメリカ軍内の性暴力発生件数についてです。もともと女性蔑視的なアメリカ軍が、イラクやアフガニスタンなどの戦地派兵でストレスを増し、米軍内でも問題を増加させていると考えられています。その軍人たちが、占領下であるような意識で赴任した沖縄で、しかも日米地位協定によってきわめて甘い処分しかない状況に置かれているのです（61頁）。それゆえ、県民に対する性暴力も多発しています。

「平和とは人間の生命を尊ぶことです」

こうした状況の中、沖縄県内各地では、基地に反対し、平和を求める運動がすすめられてきました。

団結道場（沖縄県伊江村）。アメリカ軍伊江島訓練場に向きあう位置に建てられた

象徴的な場所として伊江島があります。伊江島は沖縄戦の激戦地の一つでした。日本側は住民約1500人を含む約4700人が亡くなりました。戦争が終わるとすぐ、アメリカ軍は飛行場を拡張・建設しました（現在のアメリカ海兵隊「伊江島補

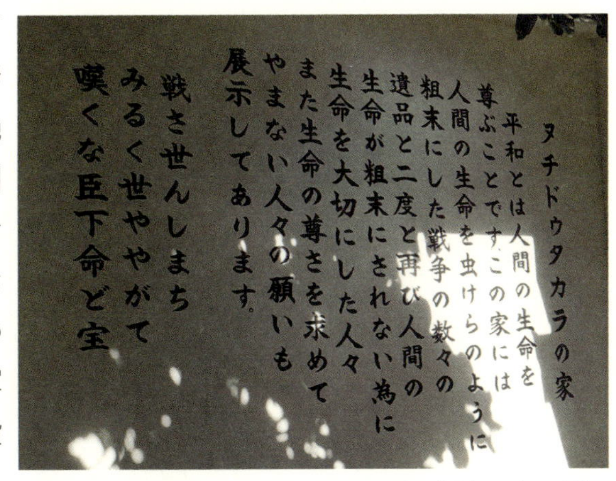

反戦平和資料館　ヌチドゥタカラの家（沖縄県伊江村）

助飛行場」)。さらに、基地建設はすすみ、特に1955年の「銃剣とブルトーザー」による軍用地接収の際は、家や農地を焼かれた住民もいました。

阿波根昌鴻（あはごんしょうこう）さん（故人）も住まいを奪われ、テント暮らしをしながら、アメリカ軍に抵抗しました。阿波根さんたちは1961年に「伊江島土地を守る会」を結成し、「団結道場」を建設、多くの人がそこで学び、たたかいを継承し、島で70%を超えていた軍用地を34%になるまで返還させました。

阿波根さんは反戦平和資料館「ヌチドゥタカラの家」を建て、戦争中の生活品や遺品、米軍の銃弾、基地闘争の記録などを展示しています。「ヌチドゥタカラ」とは沖縄の言葉で「命こそ宝」という意味です。「ヌ

戦前を知るからこそ

石川県中能登町議会の議員であった杉本平治さんと妻の美和子さんが建てた憲法第九条の碑（2004年建立）。町道1号線と県道志賀鹿西線の交差する近くの道沿いにあり、誰もがよく見るところにあります。

杉本さんは、戦前の軍国主義教育を受けた世代として、町民に９条を知ってほしい、全国に９条の碑を建てることで戦争反対の運動をすすめたいという思いを、この碑に込めています。

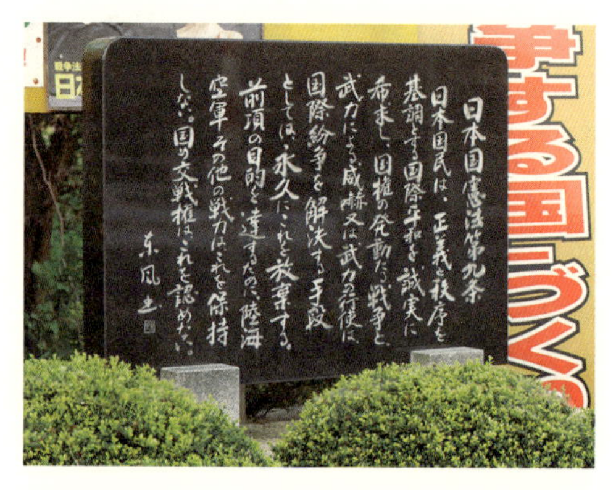

チドゥタカラの家」の正面には、「平和とは人間の生命を尊ぶことです」という阿波根さんの言葉が掲げられています。

辺野古すわりこみテント村（沖縄県名護市）

辺野古のたたかい

1995年９月、アメリカ海兵隊員と同海軍兵士の３人が少女を暴行する事件があり、アメリカ軍に対する強い抗議が起こりました。事件の翌月、8万5000人が怒りをもって県民大会に集いました。沖縄の人々の「基地のない平和な沖縄」を求める強い声に押され、日米両政府は「沖縄に関する日米特別行動委員会（SACO）」を設置し、1996年に最終報告がまとめられました（「SACO 合意」）。

2016年８月５日の高江（沖縄県東村）の風景。ゲート前などでテントや横断幕を張り、ヘリパッド反対運動がすすめられている

しかし、この合意は基地の削減・撤去を求める県民の声を裏切るもの

でした。移設条件付きの返還であり、基地の再編・強化だったのです。アメリカ側からすれば老朽化した基地の代わりに使い勝手のいい新しい基地を手に入れる計画でした。

名護市辺野古に基地をつくり、普天間基地を返還するというのも、このときの合意事項の一つです。もともと、辺野古に海上ヘリポートを、と考えられていましたが、新基地建設に変更されました。

「世界一危険な基地」（ラムズフェルド・元アメリカ国防長官の言葉）である普天間基地を撤去するのは今すぐにすべきことです。もともとアメリカ軍が一方的に土地を奪ってつくった基地でしたから、返還は当然のことです。しかし、代わりに辺野古に基地を新設すれば、その基地は残るでしょう。軍は住民を守らなかったという沖縄戦の体験を知る沖縄の人々は、基地は平和と安全を脅かすものだと考えており、基地新設を許しません。辺野古にはジュゴンのような希少生物もいて、基地建設は、豊かな自然を破壊することにもなります。

2013年末、仲井真弘多（なかいまひろかず）前知事が基地建設のための埋め立てを承認しましたが、県民世論は許さず、2014年の知事選で新基地反対の翁長雄志（おながたけし）知事を選びました。同年の衆議院選挙でも、そして2016年の参議院選挙でも、辺野古建設を推進する自民党は負け続け、2016年９月現在、沖縄県選出の自民党国会議員はいません。辺野古新基地建設を強行しようとする日米両政府に対し、翁長知事を先頭に、沖縄県民はこれを許さないたたかいを続けています。

高江のたたかい

沖縄県内最大の演習場である北部訓練場（国頭村（くにがみそん）・東村）約40㎢の返還もSACO合意にありました。計６か所のヘリコプター着陸帯（ヘリパッド）建設などが条件となっています。６か所の予定のうち、すでに

２か所の建設が終わり、オスプレイ（85頁）が離着陸に使っています。

2016年７月以降、残りのヘリパッドの建設を強行し、東村の高江集落の住民を中心に大きな抗議行動が起こっています。今でも米軍機の爆音はすさまじく、住民は生活を破壊されています。住民を標的にした訓練が行われ、軍人が民家に向かって銃を構えている姿も目撃されています。SACO 合意は負担軽減どころか、住民を恐怖に陥れているのです。

そもそも北部訓練場は「ジャングル戦闘訓練センター」と名前を変え（1998年）、対ゲリラ訓練やヘリの超低空飛行訓練など、危険な訓練の拠点として再編されています。ヘリパッド建設はそのためのものであり、

沖縄基地反対闘争の映画

現代の沖縄の基地問題は、良心的な映画監督によっていくつかの作品として公開され、運動とともに広がっています。

三上智恵監督が、高江のヘリパッド建設のたたかいを描いたのが『標的の村』（2013年）です。反対運動を萎縮させるために、国は高江の住民を「通行妨害」で訴えるという卑劣な手段に出ました。裁判闘争をしながらたたかいを続ける高江の人々の運動と日常を追っています。

同じ三上智恵監督が辺野古のたたかいを描いたのが『戦場ぬ止み』（2015年）です。沖縄戦を生き延びた85歳のおばあが辺野古に座り込みを続ける姿が圧巻です。

アメリカ人監督、ジャン・ユンカーマンが沖縄戦から基地問題まで、沖縄の差別と抑圧の歴史を描いたのが『沖縄　うりずんの雨』（2015年）です。日米双方の戦争体験者、基地関係者の証言が綴られています。

オスプレイ配備のためでもあります。

沖縄県石垣市（2016年8月）。自衛隊配備計画に周辺住民は反対の声をあげていて、このような看板が複数立てられている

先島諸島への自衛隊配備問題

2010年頃から、先島諸島に急速に自衛隊配備計画がすすんでいます。「中国脅威」論をあおりながら、また、地元には経済効果があると誘いながら強行しようとしています。

石垣島（沖縄県石垣市）には陸上自衛隊のミサイル部隊配備などが計画されています。農業や観光振興をすすめてきた住民にとって、自衛隊は不要であるばかりか妨害になります。根強い反対運動が続いています。

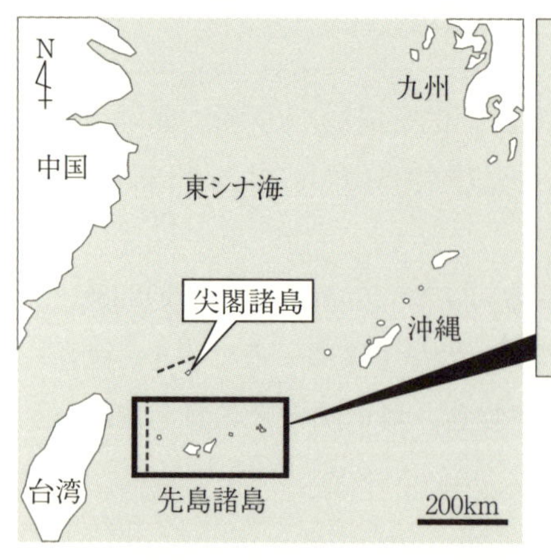

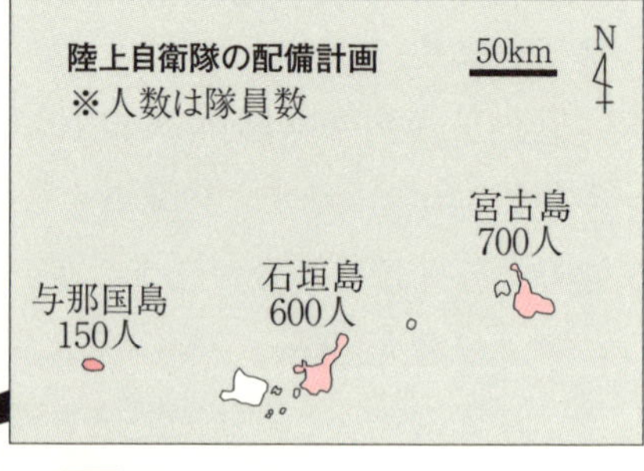

宮古島（沖縄県宮古島市）には、野原岳レーダー（宮古島分屯基地）があります。さらに、陸上自衛隊のミサイル部隊配備、上陸作戦の訓練場建設の計画がすすめられています。中華人民共和国はこの計画に強い懸念を示し、反発しています。宮古島と橋で結ばれる旧伊良部町の下地島空港は、かつて自衛隊誘致計画がありましたが、住民の反対で撤回されました。現在すすめられている計画にも住民が反対の声をあげています。

沖縄県ではありませんが、奄美大島でも陸上自衛隊の配備計画が進行しています。奄美、沖縄、先島諸島で自衛隊基地建設がすすんでいるのは、アメリカの戦略です。アメリカは、基本的には経済的な結びつきの強い中国とはパートナーシップを維持したいと考えています。一方で、大国化する中国には懸念も持っていて、偶発的な戦争があった時に万が一にも台湾を武力併合するような事態が起こるのは封じたいと考えています。しかし、中国との本格的な戦争や核戦争は、人的・経済的にもリスクが大きいので絶対に避けたいのです。そこで、中国周辺の同盟国を

日本国憲法第九条の碑（沖縄県宮古島市カママ嶺公園、2007年建立）。宮古憲法九条の碑建立実行委員会が、寄付を募って建立。宮古島市に寄贈された

中国と軍事的に対峙させ、アメリカ軍は戦闘に加わらない作戦を考えています。「オフショア・コントロール戦略」といいます。奄美、沖縄、先島諸島の自衛隊強化はこの戦略の一環です。

アメリカのために奄美、沖縄、先島諸島を戦場にする、これは沖縄を再び「捨て石」にすることにほかなりません。

沖縄と連帯する動き

2016年２月21日、「辺野古新基地NO」「美ら海埋め立てるな」などのプラカードを掲げる2万8000人の人々が、国会議事堂を取り囲みました。「止めよう！　辺野古埋立て国会包囲実行委員会」と「戦争させない・９条壊すな！　総がかり行動実行委員会」が主催の国会大包囲アクションです。

辺野古新基地建設のような沖縄で進行しつつある事態が、憲法の平和主義に明らかに反すること、沖縄の人々を苦しめていること、本土に住む者もそれらの事態と決して無関係ではないことを、多くの人が理解しています。

しかし、ではそれが大多数の声かといえば、必ずしもそうではありません。たとえば、沖縄県民が幸せでない、と玉城さんが述べた集会について、私が勤務先の大学の学生に尋

全国から国会前に集まり辺野古新基地建設に反対する人々（2016年２月21日）

ねたら、誰一人としてこの集会の話を知りませんでした。高江ですすむ事態もほとんど知られていません。玉城さんが嘆く現状がここにあります。

私たちは、基地があるゆえに幸せでないという沖縄の人々の思いを真摯に受け止める必要がありましょう。「平和のうちに生存する権利」が徹底されていない、「恐怖と欠乏」から免れる生活を保障してほしい、という沖縄の声に耳を傾けるべきです。いま現在、基地被害に苦悩する沖縄、暴力的に基地建設を強行されつつある沖縄の現状を知ること、1950年代から本土のアメリカ軍基地が沖縄に移設されたために、沖縄に基地が集中している歴史を学ぶこと、それによってようやく彼らの思いを受け止めることができるのではないでしょうか。

辺野古の新基地建設に向けて、埋め立てのための土砂が全国各地から運ばれていることに、「どの故郷にも戦争に使う土砂は一粒もない」と各地が連携して反対する動きも生まれています（辺野古土砂搬出反対全国連絡協議会）。アメリカ市民の中にも抗議の声は広がっています（退役軍人平和会）。このような動きはマスメディアに報じられることは少ないですが、当然、起こり得るものでしょう。新基地建設に反対して連帯する動きは、もっと多くの人々に知られるべきと思います。

暮らしの中の日米安保　**オスプレイ配備をみる視点**

アメリカが開発したV-22という航空機があります。一般に「オスプレイ」といわれています。従来のヘリコプターよりも高速で、航続距離を長く飛べます。また垂直、水平の両方の飛行ができます。しかし、開発段階から事故が多く、死亡事故も数回起きていて、「構造的欠陥機」ともいわれています。アメリカ国内でも配備の反対運動が起きています。

2016年10月24日、陸上自衛隊の木更津駐屯地（千葉県木更津市）に飛来したアメリカ海兵隊のMV22オスプレイとそれに抗議する人々（しんぶん赤旗提供）

2012年、このオスプレイが日本に初めて配備されました。配備が計画されたのはアメリカ軍普天間飛行場（沖縄県宜野湾市）です。この年、2012年９月９日に「オスプレイ配備に反対する沖縄県民大会」が開催され、県内外から10万1000人の参加者がありました。

配備されたオスプレイは、日本国内を縦横無尽に訓練飛行しています。多くの問題がありますが、ここでは３点を指摘しておきます。

一つは、配備された沖縄を中心に、住民が爆音や墜落の危険に苦しんでいます。沖縄県東村高江にはヘリコプター着陸帯（ヘリパッド）建設工事が進められ、建設反対運動も続いています。そのうちの二つはオスプレイ用のオスプレイパッドといわれています。高江に住む安次嶺雪音（あしみねゆきね）さんが次のように綴っています。

「昨晩も夜遅くまでオスプレイが２機　高江集落とヤンバルの森の上空を超低空で飛び回りました。約３週間 ほぼ毎日毎晩こんなかんじです。防衛局に電話してもなにもかわらない。一体どうしたらいいのでしょう？　こんな状況の中でさらにヘリパッド工事を強行する。新たに４カ所が完成したら、私たち高江区民は住む事ができません。今でも限界です。私たちと話し合うことなく力ずくで工事を強行してくるなんて。今の日本は恐ろしいです。

これが国がする事でしょうか？本当にひどすぎます。みなさんの力をください。沖縄高江で起きていることは決して沖縄だけの問題ではありません。今ここを止めなければ。……」（HP「やんばる高江　東村の現状」より）

オスプレイ配備に反対の運動が起きている佐賀空港

東村小中学生全体へのアンケートでは、38％の子どもがオスプレイの音で「怖い」と感じていました（琉球新報2016年７月15日付）。明らかに恐怖の状態におかれ、平和に生きる権利が侵害されています。

二つめに、このオスプレイが、さらに2017年から増える計画がたてられています。横田基地に、アメリカ空軍用に2017年後半に３機、さらに数年内に７機の予定です。そしてオスプレイの定期整備拠点が陸上自衛隊木更津駐屯地（千葉県）となることも決まりました（富士重工業が整備）。首都圏の空も含め、さらに多くのオスプレイが日本各地を飛ぶことになります。

三つめとして、この構造的欠陥機といわれる米国製オスプレイを日本の自衛隊も17機購入することが決まりました。計画では佐賀空港を拠点とし、陸上自衛隊が使用します。佐賀空港は民間空港です。自衛隊基地化されること、危険なオスプレイの拠点となることに住民による反対運動が起きています。

第7章　日本国憲法の平和主義は日本で生まれたものですか？
——平和思想の流れ

戦争は違法であるという思想

戦後、ずっと生き続けてきた日本国憲法は、個人の人権の視点から平和をとらえ、戦争の放棄を国家に求めた初めての憲法です。もっとも、そこに表れた平和思想は、日本だけで生みだされたものではありません。GHQ（連合国軍最高司令官総司令部）は憲法草案をとりまとめますが、もちろん、GHQが考えて押し付けたものでもありません。世界の平和思想が結実して、この憲法に表されているのです。

大量殺戮（さつりく）兵器が本格的に登場した第一次世界大戦（1914～1918）では、約2000万人の命が奪われました。この大戦の惨禍を目の当たりにした人々が、1920年頃から、「あらゆる戦争は違法であり、これを非合法化する、犯罪化する」といった思想・運動を始めていました。アメリカのソルモン・レビンソンやジョン・デューイらによるものです。1920年代前半、アメリカでは「戦争非合法化」が上院決議案として何度も上程されました。これらは、成立しませんでしたが、この時の、フランク・ケロッグ国務長官に大きな影響を与えました。後に1928年、このケロッグとブリアン（フランス外相）が中心となって、不戦条約（パリ不戦条約、ケロッグ・ブリアン条約）が成立します。

同条約には、次の条文があります。

「締約国は、国際紛争解決のために戦争に訴えることを非難し、かつ、その相互の関係において国家政策の手段として戦争を放棄することを、その各々の人民の名において厳粛に宣言する。」

つまり、戦争そのものを否定し、戦争は違法であると合意したのです。日本も含む15か国が参加して成立したこの条約は、後に63か国が参加した国際条約となりました。

不戦条約を守らなかった日本

　ただ、不戦条約は「自衛のための戦争」を認めるという弱点がありました。調印時に参加した日本は、条約の「人民の名において」が当時の天皇制に反するものとして留保をつけながら翌年に批准（国家として承認）します。しかし、その後、自衛のための行動だと強弁して侵略戦争を続け、この条約を実質的に破っていきました。「満州事変」（1931年）、「日華事変」（1937年）は、それぞれ柳条湖事件、盧溝橋事件を、当時の日本政府が呼んだ言葉ですが、侵略の開始であるにもかかわらず、「事変」（騒乱、異常な出来事）だと称して戦争をしたのです。こうして、

激戦地に立つ憲法九条の碑

　南風原町（はえばるちょう）は沖縄戦の激戦地の一つです。「ひめゆり学徒隊」でも知られる陸軍病院の壕があり、その跡の近くにこの碑は建てられています（沖縄県南風原町・黄金森公園、2007年建立）。碑の隣には「鎮魂と平和の鐘」があります。鐘の前には「ここ黄金森には、沖縄戦で傷つき人生を奪われた多くの傷病兵たちがいまだに眠っています。その傷病兵たちの鎮魂と再び戦をしないことを今ここに誓います。……」と書いてあります。

戦争を違法化する思想は、第二次世界大戦によって実現が遠のきました。第二次世界大戦では、第一次世界大戦の２倍以上の約5500万人もの犠牲者を出すことになります。

国連憲章に生きた思想

しかし、この不戦条約は、第二次世界大戦後にその思想が生きることになります。

1945年、第二次世界大戦後の国際連合設立にむけて、国連憲章が署名されます。前文で、「国際の平和及び安全を維持するためにわれらの力を合わせ、共同の利益の場合を除く外は武力を用いない」と明記しました。そして、第１条で、「国際の平和及び安全を維持すること」を国際連合の目的とし、第２条の原則のなかに、次の条項が書かれます。

３　すべての加盟国は、その国際紛争を平和的手段によって国際の平和及び安全並びに正義を危うくしないように解決しなければならない。
４　すべての加盟国は、その国際関係において、武力による威嚇又は武力の行使を、いかなる国の領土保全又は政治的独立に対するものも、また、国際連合の目的と両立しない他のいかなる方法によるものも慎まなければならない。

「武力行使は原則違法化」が、国連憲章の到達点です。同憲章も例外として、国連による軍事的措置と、国連安保理が必要な措置をとるまでの自衛権を認めているので（146頁）、「原則」であり、完全な武力不行使ではありません。しかし、戦争違法化の思想が生きていることも事実です。

国連憲章第２条第４項は、日本国憲法第９条第１項と表現が酷似している部分があります。日本国憲法はここまでの国際社会における平和思想を積極的に取り入れ、国内法化したものだからです。

GHQ が日本において憲法草案をつくる際、主導的な役割を果たした一人に、GHQ・民生局のケーディス次長がいます。彼は、パリ不戦条約と戦争放棄の思想を学生時代に学んでいました。GHQ は日本の民間憲法草案を参考にしながら憲法草案をまとめ、また、日本が侵略戦争に突き進んだ要因を探るために、戦前の日本のマルクス主義的な社会科学研究に学んでいます。そして、世界の平和思想を積極的に取り入れようとしていたのです。

日蓮宗妙建山本立寺

昨今の情勢への懸念から、本立寺（東京都品川区）の住職が掲げられたそうです。このお寺は東京大空襲で被災したこともあり、平和運動に積極的に関わっています。

ハーグ平和アピール平和市民社会会議の「公正な秩序のための10の基本原則」（1999年）では、「各国議会は、日本国憲法第９条のような、政府が戦争を禁止する決議を採択すべきである」という原則を掲げました。「日本の未来」のみならず「世界の未来は９条に」あるのかもしれません。

日本国憲法の平和主義の意義

パリ不戦条約も、国連憲章も、自衛のための戦争を容認する抜け道があります。それゆえ、第二次世界大戦が起こり、あるいは大戦後も自衛権の名のもとに無辜（むこ）の民が殺される戦争が続いたのです（146頁参照）。

すでに第２章で見たように、日本国憲法は、侵略戦争への反省から、９条２項で、戦力を持たないこと、国の交戦権を放棄することを決めました。「自衛権のため」のものも含め戦争をしないというそこに表れた決意は、まさにパリ不戦条約以降の歴史の中で日本が果たした負の役割を乗りこえようとするものだといえます。その意味で、日本国憲法の平和主義は、世界史の中で育まれてきた平和思想を継承し、発展させる道といっていいでしょう。

平和的生存権の思想

戦争の違法化、武力不行使の思想とともに、もう一つの平和思想の流れがあります。

1941年、アメリカ大統領・フランクリン＝ローズヴェルトは、年頭教書で「人類の普遍的な四つの自由」を発表しました。言論と表現の自由、宗教の自由、欠乏からの自由、恐怖からの自由の四つです。フランクリン＝ローズヴェルトはこの1941年、イギリス首相・チャーチルと会談し、大西洋憲章に合意しました。そこには次の一文があります。

> すべての国民に対して、各自の国境内において安全に居住することを可能とし、かつ、すべての国のすべての人類が恐怖及び欠乏から解放されてその生命を全うすることを保障するような平和が確立されることを希望する。

ファシズムによって大量虐殺や人体実験が繰り広げられる中、平和は、すべての人が恐怖と欠乏から免れて初めて達成できる、このような平和思想が生まれました。そして、これまでのように人権保護を国内にのみ委ねるべきではなく、国際社会においても確認すべきだと考えられるようにもなったのです。

大西洋憲章で「人類が恐怖及び欠乏から解放されて……希望する」と展開した平和的生存権の思想は、日本国憲法前文に「われらは、全世界

世代を超えて戦争に反対

写真は、SADL × SEALDs KANSAI による「戦争法案」に反対する関西デモ（2015年7月19日）。関西の大学生らが呼び掛けました。約8200人が大阪の御堂筋を、声を出してアピールしました。翌日、メディアは次のように報じています。「赤ちゃんを抱いた母親から車いすの高齢者まで世代を超えて参加。シールズ関西メンバーの関西学院大４年の女性(21)が『若者とか高齢者とか、世代で区切ってほしくない。戦争法案に反対する全世代が今、まとまろう』と呼び掛けると、『そうだ』と拍手がわき起こった。」

（神戸新聞2015年７月20日付）

の国民が、ひとしく恐怖と欠乏から免かれ、平和のうちに生存する権利を有すること」として確認されました。しかも、大西洋憲章での「希望する」という表現から、「権利」として明記しました。あやふやな形で、政策判断で変更されるものではなく、日本国憲法では、どんなときにも奪われない「権利」として位置づけ、全世界の国民の「基本的人権」として確認したことに重要な意味があります。

平和思想をいかに発展させるのか

日本国憲法に結実された平和思想は、その後、さらに発展を続けています。

平和的生存権の思想は、1948年の国連総会で採択された世界人権宣言の前文で「言論及び信仰の自由が受けられ、恐怖及び欠乏のない世界の到来が、一般の人々の最高の願望」と確認されています。

アメリカ・ソ連という二大国による長い冷戦期の間、軍事的な対立が厳しく、平和的生存権の思想は主流にはなりませんでした。しかし、「国連開発計画」(UNDP)は1994年報告書で「人間の安全保障」を提唱しました。「人々が安全な日常生活を送ることができなければ、平和な世界を実現することができない」と述べ、「多くの人にとって安全とは、病気や飢餓、失業、犯罪、社会の軋轢(あつれき)、政治的弾圧、環境災害などの脅威から守られること」として「恐怖からの自由」と「欠乏からの自由」を主要な要素として挙げています。さらに、貧困状態が放置されている責任は「軍事援助や武器輸出をやめようとしない先進国にもある」として、「軍備による安全保障」の考え方を否定しています。平和的生存権は武力行使の禁止の上に成り立つことを示しています。

さらに、国連では、「平和への権利 国連宣言」の準備がすすみ、すでに草案が人権理事会に提出され、2016年7月に採択されました。次は国連総会での採択が予定されています。これは、一人ひとりが平和のうちに生きることができるよう、国家や国際社会に要求できる権利です。人権という側面から、武力行使を制限する、国家に武力行使をさせない。それだけでなく、恐怖と欠乏からの自由を実現させるために、軍縮や平和教育を行うこと、飢餓や貧困などを克服することなども権利と考えるものです。

　これらの平和思想を先駆的に憲法に取り入れたのは日本です。そして、憲法前文にそれが明記されています。しかも、その理想の実現のために努力することを前文で誓っています。国連での宣言に向けて、日本の研究者・市民も努力を重ねてきました。「平和への権利」という理想の完全な達成のために、日本が国際社会にどう働きかけていくかが問われています。

第8章 「抑止力」として軍備は必要ではないのですか？
――抑止力論から私たち自身の平和外交へ

「抑止力」とは何か

「抑止力」として自衛隊が必要、あるいは米軍基地や安保体制の強化が必要だという意見があります。安保関連法の議論の際も、これによって「抑止力」を高めるという議論がされていました。たとえば自民党はHP で、安保関連法の成立によって「わが国が紛争を未然に防ぐ抑止力を強化するなど、平和国家としてさらに力強く歩む」と述べていました。

「抑止力」とは何でしょうか。安倍首相は「抑止力」について次のように説明しています。

「まさに抑止力とは、日本に対して攻撃をする、あるいは日本を侵略しようとすれば、相当の打撃をこうむらなければならないということを覚悟しなければいけない、となれば、それはやめておこうということになるわけであります。」（衆議院平和安全特別委員会、2015年5月27日）

安倍首相は、ゆえに安保関連法を成立させて「抑止力」の強化を、と述べていたのですが、しかし、この論理にはいくつもの矛盾があります。

政府の説明通りならば、安保関連法の成立によって、日本の「抑止力」は高まり、平和と安全が確実になったはずです。しかし、朝鮮民主主義人民共和国の核実験や事実上の長距離弾道ミサイル発射実験は、その後にも行われました。アメリカとの同盟強化が「抑止力」にはなっていないことを表しています。また、政府は安保関連法成立後も、先島諸島の陸上自衛隊増強に力を入れています。アメリカとの同盟強化が「抑止力」として有効ならば、増強は不要のはずです。

そもそもアメリカ軍基地は、戦争の際は出撃拠点となります。とすれば、戦争の相手国は、まず初めにこの出撃拠点を攻撃するでしょう。沖縄も、各地のアメリカ軍基地も真っ先にねらわれます。「抑止力」どころか危険性を高めているのです。

抑止とは「報復という脅迫」

「抑止」とは「デタランス（deterrence)」の訳語です。しかし、政治学者の浅井基文さんによればこれは誤訳で、「報復という脅迫」が本質だといいます。

「デタランス」という戦略は核兵器の出現とともに生まれました。核

妙義米軍基地反対闘争勝利記念碑

朝鮮戦争中の1953年、アメリカは、群馬県の恩賀・八風平地区の切り立った高岩などに山岳訓練学校をつくり、妙義山・浅間山の一帯にアメリカ軍基地をつくることを提案しました。これに対し地域住民を先頭に反対運動が起こり、保守・革新両派が一体となってたたかいが展開されました。２年後の1955年、アメリカは計画を撤回、基地は建設されませんでした。基地建設を断念させた運動の記念碑が、現地の恩賀地区にたてられています（群馬県安中市、1987年建立)。

兵器は、その破壊力からして、通常の兵器のように使用することはできません。核戦争が始まれば、いずれの国もたちどころに廃墟となり、勝者など存在しない世界となります。たとえば、全面核戦争によって生じる大量のススなどが太陽光を地球規模でさえぎり、大幅な気温低下が起こるので（「核の冬」）、戦争当事国以外も含め10億人が命を奪われるという報告が、すでに1980年代に国連から出されています。21世紀に入って以降も新しい研究がすすみ、地域的な核戦争によっても、世界中で農業生産が数年にわたりゼロになるような温度低下が起こると指摘されています（赤井純治『地球を見つめる「平和学」』新日本出版社、2014年、参照）。

にもかかわらず、核兵器を持ち続けて正当化する根拠として「デタランス」が編み出されました。相手の攻撃を思いとどまらせるために、こちらが核報復する能力と意思を持つということです。

核を持たない日本の場合は、この「デタランス」の拡大版です。1950年代、アメリカと同盟し、アメリカの「核の傘」に入ることによって、当時のソ連に核攻撃を思いとどまらせるとされました。アメリカとの同盟は、つまり、アメリカの力に頼っての「核報復という脅迫」を含んでいるのです。しかし、被爆国である日本は核兵器に対する拒否感が強く、世論の反発が予想されました。「抑止」というあいまいな訳語がつくられ、この誤訳が独り歩きしているのはこのような背景があると浅井さんはいいます（浅井基文「『抑止力』は平和をもたらすか」『ピープルズ・プラン』70号、2015年、参照）。

安保関連法は、より積極的にこのアメリカの「核の傘」に入って同盟を強化し、「報復という脅迫」を強めることになります。これは二つの意味で許されないことです。

第一に、核兵器による「報復という脅迫」は、およそ日本国憲法の平和主義とは逆の、平和とは無縁の体制だということです。「脅迫」ですから、憲法第9条の放棄したはずの「武力による威嚇」にあたります。他国民を脅迫しながら安全を維持しようとする体制は、憲法前文の「平和を愛する諸国民の公正と信義に信頼して、われらの安全と生存を保持しよう」という「決意」とはまったく矛盾します。

そして第二に、それは日本の平和と安全を保障するどころか、日本を核戦争の真っただ中に置くことにつながります。かつて1962年、キューバ危機といって、アメリカとソ連が全面核戦争寸前にまで陥った事態もありました。ほかにも、核戦争の瀬戸際まで行った事例は数多く、核戦争が起こらなかったのは奇跡だともいわれます。核兵器による「報復という脅迫」は、「恐怖と欠乏」(憲法前文)を生み出す核戦争の危険を増幅させるだけです。

TAC――東南アジア諸国の平和への試み

「抑止力」によって、「脅迫」するのではなく、真の平和と安全を確立するには、どうすればよいのでしょうか。実はそのモデルケースとなる地域があります。東南アジアです。

東南アジアは、長く欧米諸国の植民地に置かれていました。独立しても大国の干渉や紛争に悩まされ、自立的な発展が阻害されてきました。ベトナム戦争(147頁)のように、大国の介入によって分断され、戦場となる時期も長く続きました。

そうした中、1967年、ASEAN(東南アジア諸国連合)が発足します。タイ、フィリピン、マラヤ連邦(現マレーシア)、インドネシア、シンガポールの5か国です。当初はアメリカの影響も強かったのですが、後に中立をめざすようになり、ブルネイ、ベトナム、ミャンマー、ラオス、カンボジアも加わり、10か国で対話と協力をすすめ、地域統合へ向かう道を歩んできました。2015年12月31日には、ASEAN 共同体が発足、

東南アジアにとどまらない広がりを見せるTAC

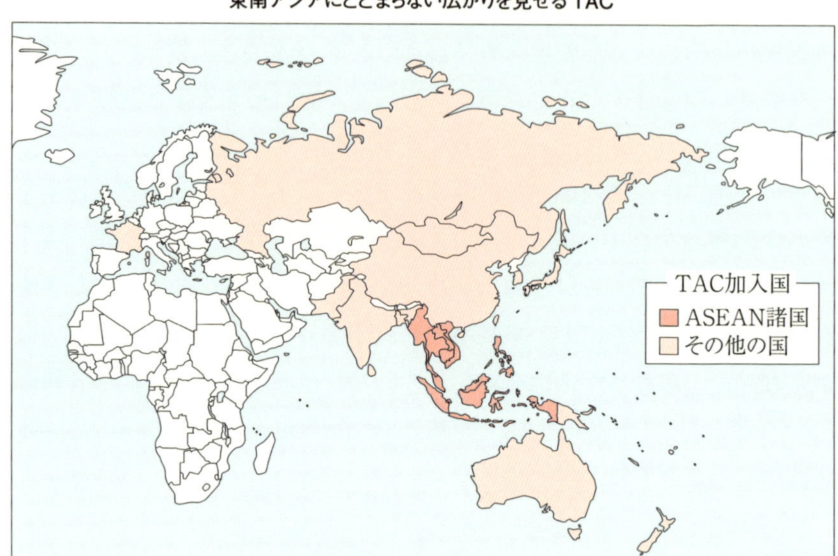

この共同体は、平和を保障する「政治・安保共同体」、繁栄をめざす「経済共同体」、一人ひとりが豊かに発展できる「社会・文化共同体」の３本柱をもとに、今後のビジョンも確認されました。

この東南アジアを中心とした地域に平和と安全をもたらしているのが、東南アジア友好協力条約（TAC）です。1976年に結ばれたこの条約には、「世界の平和、安定、調和をいっそう促進するために、東南アジアの内外のすべての平和愛好国との協力が必要」とあり、「武力による威嚇または行使の放棄」や「紛争の平和的手段による解決」を特徴としています。日本国憲法の平和主義に似た特徴を持っているといってよいでしょう。1976年当初、ASEANの発足の５か国で結ばれたこの条約も、2004年には日本も加わり、今では東南アジアにとどまらない28か国に広がっています（上の地図）。TACは、集団的な軍事力で他国と対応することはしません。戦争放棄を決めた条約の加入国を増やしていくことで平和を実現しようとします。大国の干渉や紛争から得た教訓から、このような平和構築の方法を編み出したのです。

ASEAN から始まったこの平和と安全保障を求める動きを参考にしながら、東アジア全体で軍事に頼らない地域的な安全保障体制を築く、さらにそれを世界に広げていく――それが、日本国憲法で平和主義を掲げた日本が目指す道ではないでしょうか。

民間の外交ができること

「抑止力」論への依存でわかるように、日本政府は、「国」レベルでは必ずしも日本国憲法の平和主義に即した外交をすすめてきませんでした。

日中不再戦之碑

茨城県水戸市と中国の重慶市は15年来の交流から、2000年、友好交流都市として提携しました。2002年、水戸の千波湖畔に重慶広場（写真左）がつくられ、その隣接するところに日中不再戦之碑（同右）がつくられました。碑の建設に尽力したのは茨城県日中友好協会です。

日本政府の外交は、アメリカの「核の傘」が、他国を「脅迫」していることの上に乗った、平和主義に反するものだったのです。それゆえ、中華人民共和国も、朝鮮民主主義人民共和国も、日本の安保関連法の施行により、「脅迫」が強化されたと感じています。

加えて、日本の政治家の発言からは過去の侵略戦争について真摯な反省が見られず、自民党など保守系議員の一部はA級戦犯を合祀（ごうし）する靖国神社への参拝も続けていて（靖国神社については『知っていますか？ 日本の戦争』参照）、アジア・太平洋戦争を正当化しようとしています。そのため、アジアをはじめ他国の人々は、日本が再び戦争をするのではないかという疑念を高めています。

だからこそ、憲法の平和主義が現代においてもきわめて現実性を持っていることはすでに述べたとおりです（第2章）。しかし、次のような点にも注目する必要があります。つまり、他国の脅威にもなっているそれらは、日本政府のすすめるものであり、政府の中心にいる政治家たちの言動です。一方、これとは異なり、日本国憲法に掲げる平和主義を守り、その方向性での外交をすすめようとする広範な人々がいることも事実です。彼らの多くは、日本のアジア・太平洋戦争における加害の事実を反省しつつ、まったく異なる方法での他国民との対話を続けています。まさに「平和を愛する諸国民の公正と信義に信頼」しながら、なかには「恐怖と欠乏」の状態に置かれている他国の人々を救うような活動も続けてきました。それはNPOレベルで行われていたり、個人レベルで行われていたり、時には地方自治体を動かして市町村レベルで行われていたり、様々です。これらの「民間」レベルでの外交は、他国の人々から称賛と感謝を集め、信頼を勝ち取っています。

たとえば、日朝協会という民間の団体があります。大韓民国、朝鮮民主主義人民共和国と日本の双方の文化、歴史、風俗、言語などを学び、韓国旅行・史跡めぐりなどをすすめています。在日の韓国・朝鮮人の方々と交流会や食事会、韓国ドラマを見る会や韓国舞踊や民族音楽会の鑑賞をするなどして、日本と朝鮮半島の懸け橋となる取り組みをしています。在日朝鮮人の生活向上や権利保障のための運動もすすめ、国内外の韓国・朝鮮人からも、日本人からも多くの感謝を受けています。

私たちは、憲法にそぐわない政府の外交を批判して、これを改めさせることが必要です。一方で「民間の外交」でまず憲法の平和主義を実現していく、そこで得た他国民からの信頼によって、政府の外交を包囲し、改めさせていく、このことも求められています。お互いの国民同士が強い信頼関係にあれば、政府も他国を「脅迫」するような外交を続けることはできません。

この憲法の実践は、実はすぐにもできることです。現代社会におけるインターネットなどの多様な通信手段の発展も、その可能性を広げています。

暮らしの中の日米安保　**核攻撃指令と日本**

所沢通信施設

戦略爆撃機の一定数は核爆弾を搭載したままいつでも飛び出せるように待機しています。その爆撃機に、核戦争の指令を出すための施設が、日本にもいくつかあります。まず、横田基地（41頁）でアメリカ本土からの指

所沢航空記念公園

令を受けます。これを所沢通信施設（埼玉県所沢市）に送り、ここから戦略爆撃機に送信します。受信した爆撃機からの応答は大和田通信所（東京都清瀬市・埼玉県新座市）で受信します。これらの施設をジャイアント・トーク・ステーションといいます。

なお、住民の粘り強いたたかいにより、所沢通信施設は1982年までに約7割が返還されました（所沢通信施設のすぐ近くには「基地全面返還は市民の願い」という立て看板があります）。返還された土地の一部は所沢航空記念公園になっています。戦前、この地で、国内で初めて飛行場から飛行機が飛び立ったので、「日本の航空発祥の地」と呼ばれていて、公園はそれを記念してつくられました。

第Ⅱ部　いまの国際情勢にどう対応するのか

広島県呉市の松濤園。日本と朝鮮の間に長期にわたる友好関係があったことがわかる場所の一つ（113頁参照）

第9章　朝鮮半島との問題をどう考えるべきですか？

朝鮮民主主義人民共和国の核実験

朝鮮民主主義人民共和国は2016年1月6日、核実験を行いました。朝鮮民主主義人民共和国が主張するように、水素爆弾実験に成功したかどうかは疑わしいですが、2013年2月以来4度目となる核実験を強行したことは事実だと思われます。その一か月後の2月7日、今度は「人工衛星打ち上げ」を名目に事実上の長距離弾道ミサイル発射実験を行いました。2016年9月9日にも5度目となる核実験を行っています。

人工衛星打ち上げと核実験は、2013年からくり返されています。この動向は、安保関連法にも関係しています。菅官房長官は国会審議中の2015年8月、講演で次のように語りました。

「北朝鮮が今年何回もミサイル実験をし、核開発が進んでいる。今は韓国との間で数日間緊迫状況が続いている。法律が成立することで国民の平和な暮らしを守れる」「（法案は）他の国のために一緒に戦争するものではなく、日本の自衛のためだ」（日本経済新聞2015年8月22日付）

国際情勢が変化しているから日本の安保政策も変えなくてはいけない、という人がいます。おそらく、このような言説の影響を受けているのでしょう。

朝鮮民主主義人民共和国の外交は、「瀬戸際政治」「瀬戸際外交」ともいわれます。あえて挑発的な行動に出て、東アジアの軍事的緊張を高めることで、相手国の譲歩を引き出そうとするものです。しかし、偶発的な戦闘も生じやすくなり危険が増します。また、朝鮮民主主義人民共和国国内では飢餓と貧困に苦しむ人々も多いといわれますが、軍事を増強することでさらに国民生活は圧迫されます。朝鮮民主主義人民共和国のこれらの行動は、地域の安全を脅かすものといわねばなりません。

朝鮮民主主義人民共和国の論理

朝鮮民主主義人民共和国のこれらの行動は平和と安全に逆行するものですが、しかし、朝鮮側の主張やメッセージもていねいに読み解く必要があります。

1945年、日本の植民地支配が終わった後、朝鮮半島は南北に分断されました。南側をアメリカが、北側をソ連が占領統治します。その影響のもとで分断国家となった大韓民国と朝鮮民主主義人民共和国が、1950年、戦争を開始。朝鮮戦争といいます。大韓民国を、アメリカを主力とした国連軍が、朝鮮民主主義人民共和国を中国軍が支援しました。1953年、アメリカを主力とする国連軍と中国・朝鮮軍との間で、休戦協定が結ばれます（大韓民国は未調印）。両国にとって、現在も戦争状態は継続中で、戦闘を休止しているだけなのです。

そのような状態において、圧倒的な戦力と核兵器を持つアメリカは大韓民国に基地と軍隊を置き、朝鮮に対して「敵視政策」を続けています。朝鮮の通常戦力は決定的に不足していて、周辺諸国にもそれが知られています。強大なアメリカ軍を目前にした朝鮮側にしてみれば、国力には不相応な核やミサイルを持つのは、いわば「お守り」のようなものでしょう。これがあれば、とりあえずアメリカから攻撃されることはない、という考え方です。実際、朝鮮は次のようにいっています。「こんにちの厳しい現実は、自分の運命はもっぱら自力で守らなければならないという鉄の真理を再度明白に実証している。恐ろしく襲いかかるオオカミの群れの前で猟銃を手放すことほど、愚かな行動はないであろう。」（朝鮮政府声明、2016年1月6日）

発せられている対話のメッセージ

一方で、朝鮮民主主義人民共和国は対話への数々のメッセージを発しています。

2015年1月、アメリカが韓国との合同軍事演習を中止すれば核実験を中止する用意があると表明しました。その上で、「アメリカが対話を必要とすればいつでも対応する」とも伝えています。その後も、朝鮮は「朝鮮戦争休戦協定を平和協定に替える交渉をしたい」とアメリカ側に公式・非公式に伝えています。これに対して、アメリカ側が「朝鮮の非核化をまず議論したい」と対応したことが2016年1月の核実験、ミサイル発射につながっています。

アメリカ軍と大韓民国軍は、2016年3月7日から4月末まで、定例の合同軍事演習を行いました。これは過去最大規模のもので、しかも特殊部隊が朝鮮の最高首脳をねらう作戦まで含まれていました。アメリカ側も同じように挑発行為を繰り返し、一触即発の事態となっているのです。これらは朝鮮民主主義人民共和国を追い詰めるだけであって、きわめて危険です。

冷静に考えて、朝鮮民主主義人民共和国が自ら戦争を起こすことはありません。国力の問題です。たとえば、一人あたりのGNI（国民総所得）を比較すると、朝鮮民主主義人民共和国は日本の30分の1以下です。それほどの小さな経済力で、大韓民国、アメリカ、あるいは日本と対峙（たいじ）することは考えられません。

戦争の具体的な展開を想定すればより明らかです。資源と燃料は決定的に不足していて、また、武器・弾薬を輸送する輸送力も補給体制もありません。パイロットの年間飛行時間は20時間といわれていて（航空自衛隊150時間、アメリカ空軍190時間）、パイロットの技量も維持できない状態と考えられています。これでは制空権を確保することはできず、

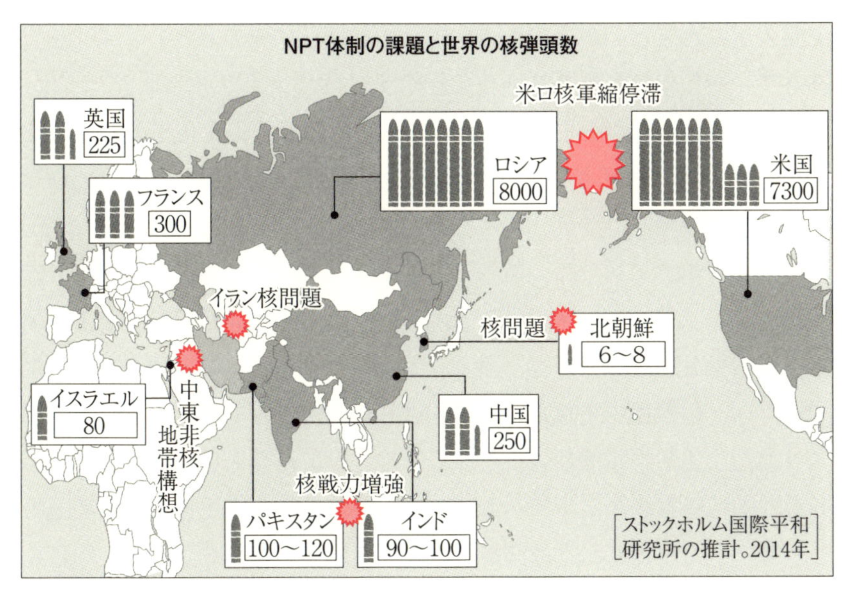

東京新聞 2015 年 5 月 24 日付より

大規模な地上戦闘・海上戦闘は不可能です。そして、そのことは朝鮮民主主義人民共和国自体が一番よく知っていることです。万が一、それらを使用するときがあるとすれば、それは自らの国が亡(ほろ)びるのを覚悟した時、と考えてよいでしょう(山田朗「現代日本の軍事力と北朝鮮・中国の動向」『日本の科学者』2013年12月号参照)。

6か国協議と日朝平壌宣言

「安保関連法」体制は、圧倒的な米韓の軍事力の側に日本がさらに参戦するという構図になります。アメリカの戦争に加わるということですから、朝鮮からすれば脅威が増大したことにほかなりません。憲法9条で禁じた「武力による威嚇」となっています。

日本のメディアは「北朝鮮脅威論」を流布し続けていますが、これに踊らされて朝鮮を刺激すべきではありません。そうではなく、朝鮮民主主義人民共和国との対話の前進を確認しながら、先方からのサインを見逃さず、さらに対話をすすめることです。

2000年以降の朝鮮民主主義人民共和国との関係の全体をみれば、交流が始まり、対話が進展していることが理解できると思います。2003年、6か国協議というテーブルができました。朝鮮民主主義人民共和国のほか、日本、アメリカ、ロシア、中華人民共和国、大韓民国の6か国が話しあう会議です。2005年にはこの6か国で「平和的方法による朝鮮半島の検証可能な非核化と確認」を目標とすることが合意されました。

しかし、朝鮮民主主義人民共和国は、自国だけが非核化することやアメリカによる敵視政策が強化されていることに反発もしていて、必ずしも6か国協議は順調にすすんではいません。朝鮮民主主義人民共和国の要求は、アメリカが敵視政策をやめること、休戦協定を平和協定に替えていくことです。

この6か国協議を円滑にすすめることが肝要ですが、東アジアの平和を確立するために、もう一つ確認すべきことがあります。それは、日朝関係においても、2002年に日朝首脳会談が行われ、そこで出された日朝平壌宣言をもとに国交正常化交渉もすすんだという事実です。日朝平壌宣言には「双方は、北東アジア地域の平和と安定を維持、強化するため、互いに協力していくことを確認」したとあります。朝鮮民主主義人民共和国国内の政治状況が様々な点で民主的な手続きに欠けるため、この宣言に対して同国の人々の声が十分に反映されていないという問題はあります。しかし、この貴重な合意を遺物にせず、現時点でどう具体化するかを考えるべきではないでしょうか。アメリカと朝鮮民主主義人民共和国の間の橋渡し役になる、同国内の飢餓と貧困を救うために様々な援助をするなど、日本は同国の要求を真摯（しんし）に受け止めながら、信頼関係を築くことが、憲法のめざす平和外交のはずです。その延長線上にこそ、朝鮮半島の平和と非核化も実現するのではないでしょうか。

「拉致問題」と歴史の反省

喫緊の重要な課題もあります。

日朝平壌宣言には「日本国民の生命と安全にかかわる懸案問題について」も「遺憾な問題」として書かれています。いわゆる「拉致問題」です。1970～80年代、朝鮮民主主義人民共和国が日本国内で日本人を拉致し、17人が同国に連れ去られたといわれています。2002年に5人は日本に帰国しましたが、ほかの人の消息は十分に明らかにされているとはいえません。これは朝鮮による明らかな人権侵害であり、徹底した真相究明の調査と補償、存命の場合は残された被害者・家族の帰国が求められます。

暮らしの中の日米安保　米軍経ヶ岬通信所・Xバンドレーダー

2014年12月、ミサイル防衛用移動式早期警戒レーダー「Xバンドレーダー」が運用を始めました。京都府の京丹後市丹後町の米軍基地です。「Xバンドレーダー」とは弾道ミサイルの探知・追尾をするためのもので、この写真の左

上・緑の建物の海側に設置されています。
アメリカ軍車力通信所（青森県つがる市）（175頁）に次いで２か所目の設置で、朝鮮からのミサイルなどを追尾できるとしています。経ヶ岬（きょうがみさき）にはもともと自衛隊基地はありましたが、米軍基地はありませんでした。地元の反対にもかかわらず、2013年より在日米軍133番目の基地建設を強行しました。騒音や電磁波、米軍関係者による相次ぐ交通事故など、問題は多く、地元の人々による粘り強い反対運動が続けられています。

一方、宣言には「日本側は、過去の植民地支配によって、朝鮮の人々に多大の損害と苦痛を与えたという歴史の事実を謙虚に受け止め、痛切な反省と心からのお詫びの気持ちを表明した」とあります。

日本は、この宣言にあるとおり、アジア・太平洋戦争における侵略を反省し、その事実を謙虚に受け止めるべきです。しかし、侵略の事実を否定する安倍内閣の言動から明らかですが、その反省はまったくすすんでいないといわざるをえません。このことが、朝鮮民主主義人民共和国のみならず、次に述べる大韓民国との関係においても、中華人民共和国との関係についても、桎梏（しっこく）となっています。

とりわけ朝鮮民主主義人民共和国との関係においては、日本軍「慰安婦」問題に典型的なように、大韓民国とは対話をわずかながらすすめても、朝鮮民主主義人民共和国とは謝罪・補償の交渉がまったく行われていないといった問題があります。

もう一つ、朝鮮戦争時に、すでに日本はアメリカを中心とした国連軍の後方基地の役割を果たしていて、それに関しての歴史的総括や反省がまったくないといった問題も残されています。

アジア・太平洋戦争から戦後まで、日本はその歴史を真摯に振り返り、反省を新たにすることが、朝鮮民主主義人民共和国、大韓民国、あるいは中華人民共和国ほか、アジアの国々との平和と友好をすすめる前提です。「政府の行為によつて再び戦争の惨禍が起ることのないやうにすること」を決意するという前文の言葉は、それを表しているはずです。

大韓民国との国境問題

大韓民国との関係は、朝鮮民主主義人民共和国と異なり、軍事的脅威が取りざたされることはありません。大韓民国は、アメリカと軍事同盟を結んでいて(米韓相互防衛条約、1953年調印)、日本と軍事的に敵対する可能性はないからです。しかし、日本と大韓民国は決して良好な関係にあるとはいえません。これには二つの要因があります。一つは、日本の過去の侵略戦争についての歴史認識の問題、もう一つは竹島をめぐる

友好的な関係が長い朝鮮との歴史

日本と朝鮮の関係は、歴史をみると平和的な友好関係のほうが圧倒的に長いのです。たとえば、江戸時代には、朝鮮通信使が文化交流の担い手となりました。朝鮮通信使とは、将軍の代がわりや慶事などの時に、朝鮮王朝の国王からの国書を持って来日したり、将軍の返書を持ち帰ったりした使節団のことです。通信使の「通信」とは、「信」を通わすという意味であり、朝鮮通信使は、信頼関係に基づいた江戸時代の日本と朝鮮との平和交流でした。日本は国を挙げて彼らを歓迎し、通信使からすすんだ学問や文化を吸収しました。

広島県呉市の下蒲刈町(しもかまがりちょう)は朝鮮通信使が立ち寄った町です。第Ⅱ部の扉に写真がある松濤園(105頁)の中に、朝鮮通信使資料館の「御馳走壱番館」などがあります。

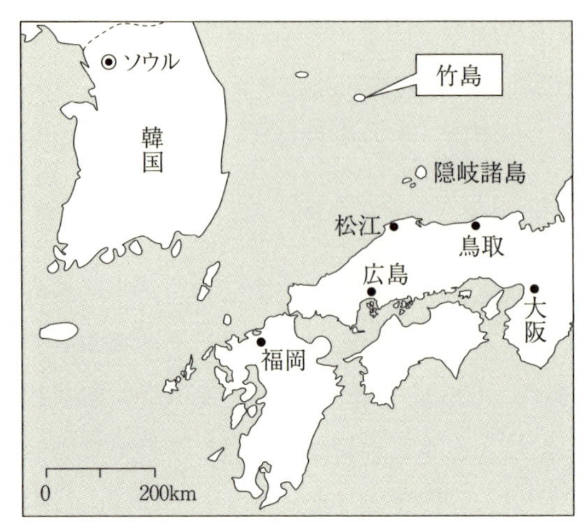

国境問題です。

日本の侵略戦争の歴史認識については、日本の側に問題があります。そもそも日本が朝鮮半島を植民地化した韓国併合（1910年）を合法的だと主張して朝鮮侵略の不法性を認めていないこと、侵略被害者の声を聴きながら明確な謝罪と補償をしていないこと、歴史を歪曲しようとしていることに原因があります（『知っていますか？　日本の戦争』参照）。

二つめの竹島をめぐる問題は、実は、この歴史問題と関係があります。日本政府は1905年に閣議決定で竹島を日本領とし、島根県に編入しました。日本が侵略戦争に敗れ、講和を結んで領土を確定したのがサンフランシスコ講和条約ですが、このときも朝鮮に返還する領域に竹島は含まれていません。その意味では国際法上は日本領ということもできます。

しかし、1905年というのは、すでに韓国が外交権を日本に奪われているときです（1904年第一次日韓協約で日本が事実上の外交権剥奪）。その後、1910年に韓国併合条約が結ばれています。それゆえ、大韓民国の人々は、独島（トクト）（＝竹島）が日本帝国主義に奪われた最初の領土だと考えていて、独島が大韓民国の領土だと主張しています。領土確定のサンフランシスコ講和条約も、大韓民国は締結の会議に呼ばれていません。大韓民国が1952年に竹島を囲い込む境界線を設定、1954年に常駐守備隊を配備して、占拠し、現在に至っているのは、そのような背景があります（年表参照）。

とすると、問題解決のためにまず必要なのは、日本が植民地支配をしたことについての真摯な反省と、これらの歴史的経緯を踏まえたうえでの対話、平和的話しあいです。憲法前文には、「いづれの国家も、自国のことのみに専念して他国を無視してはならないのであつて」とあります。にもかかわらず、朝鮮民主主義人民共和国同様、大韓民国に対して、日本は無視するかのような対応を戦後もとり続けてきました。ここに問題の根幹があります。

1904年	第一次日韓協約。韓国の外交権が事実上剝奪される
1905年	日本が竹島を領土とする閣議決定
1910年	韓国併合。韓国が日本の植民地に
1945年	日本の敗戦
1951年	サンフランシスコ講和条約。日本の領土の確定(会議に大韓民国は招集されず)
1952年	大韓民国が竹島を実効支配
1954年	大韓民国が常駐守備隊を配備

第10章　中華人民共和国との問題をどう考えるべきですか？

尖閣諸島をめぐって

中華人民共和国との間では尖閣諸島をめぐる領土問題があります。尖閣諸島とは五つの島と三つの岩礁からなります。日本が実効支配※し、沖縄県石垣市に属しています。

島　　魚釣島、久場島（くばしま）、大正島、北小島、南小島
岩礁　沖の北岩、沖の南岩、飛瀬（とびせ）

いずれも無人島です。このうち、久場島と大正島はアメリカ軍の射爆撃場とされていますが、すでに30年以上、使用はされていません。

※実効支配……国家がその領域に対し、国家機能を継続的、かつ平穏に行使していること。

領有を主張する中国側は、尖閣諸島のことを「釣魚島（ちょうぎょとう）およびその付属島嶼（とうしょ）」と名付けています。釣魚島とは日本名・魚釣島のことです。

島の付近は黒潮が流れ込んでいて、マグロやカツオの好漁場です。国連の海底調査によれば、石油や天然ガスなどの地下資源が豊富に埋蔵されている可能性があるともいわれています。

日本と中国とは、1972年に国交が回復し、1978年には日中平和友好条約が結ばれました。国交回復の際も、条約締結の際も、尖閣諸島をどちらが領有するかという点については、「棚上げ」が確認されていました。この問題について結論を出さないという意味です。2004年に中国人活動家が尖閣諸島に上陸するなど、小さな紛争はあったものの、逮捕しても２日後に国外退去処分とするなど、比較的、平穏に推移してきました。後述するように、尖閣諸島については日本に領有権があると考えられますが、「棚上げ」状態でも問題はありませんでした。

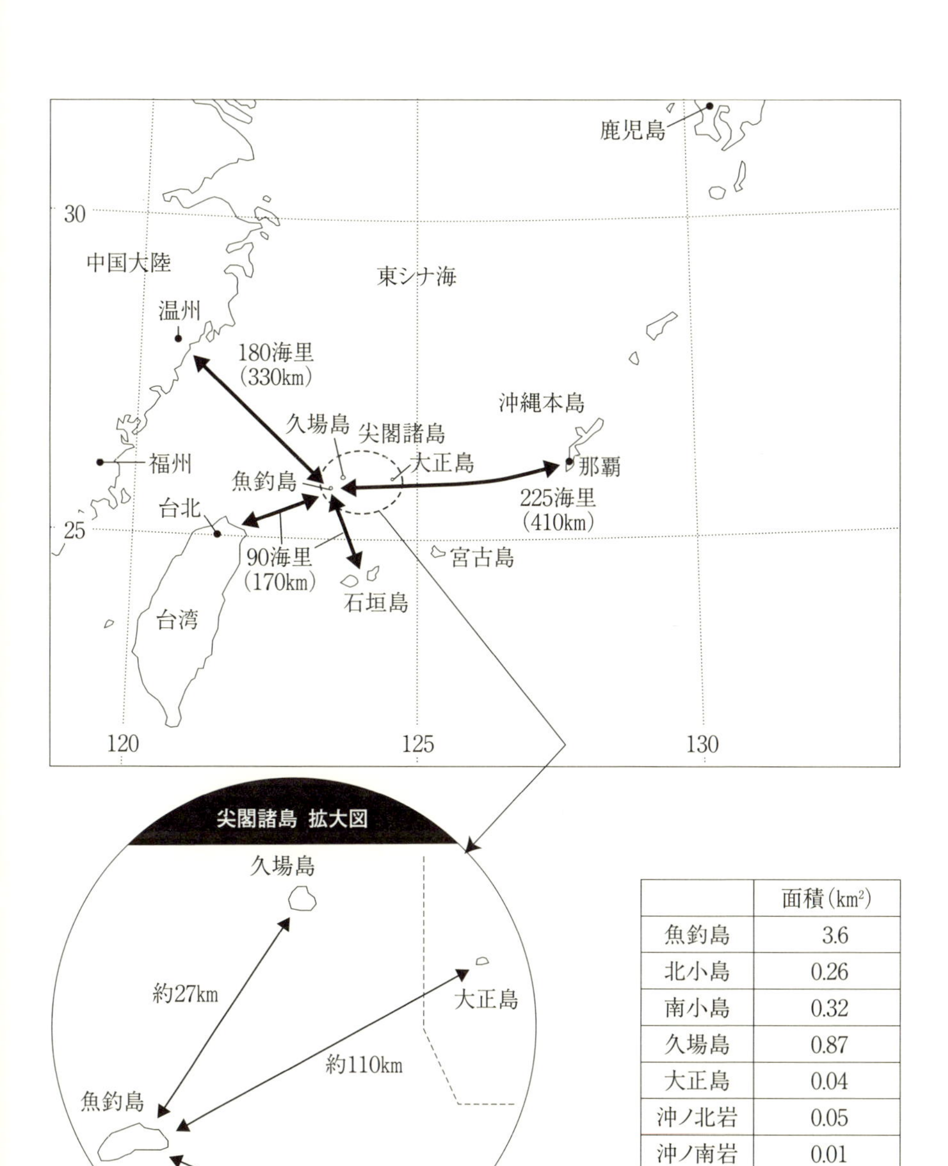

	面積(km^2)
魚釣島	3.6
北小島	0.26
南小島	0.32
久場島	0.87
大正島	0.04
沖ノ北岩	0.05
沖ノ南岩	0.01
飛瀬	0.02

※外務省資料より

【参考】
『外務省　尖閣諸島　フライヤー』http://www.mofa.go.jp/mofaj/area/senkaku/pdfs/senkaku.flyer.pdf
『すねつむりの戯言　尖閣諸島』http://shokasen.blog122.fc2.com/blog-category-13.html

日本友好協会編『尖閣問題〜平和的解決を〜』本の泉社、2014年から

中国漁船の衝突事件

事態が急変したのは、2010年９月７日、中国漁船が尖閣諸島沖で海上保安庁の巡視船と衝突した事故からです。日本側は「わが国領域内での公務執行妨害」として船長を逮捕、処分保留で釈放（９月25日）する

日中不再戦の碑

東京都小金井市・上の原公園には1969年建立の「日中不再戦の碑」があります。泰山木が植樹され、次のような碑文があります。

日中不再戦の碑　　植樹の由来

昭和十二年七月七日、北京郊外盧溝橋に響いた銃声が因となって日中戦争となり、やがて太平洋戦争に拡大、広島・長崎の悲劇を経て、昭和二十年八月十五日を迎えるに至りました。戦後制定された日本国憲法は、世界憲法史上まことに画期的な戦争放棄を宣明しております。私どもはこの憲法の精神にのっとり世界平和を念願するものであります。去る昭和四十二年七月七日、盧溝橋事件30周年にあたり、私どもは戦争の体験にかんがみ、日中不再戦の誓いをいたしました。今ここに泰山木一株を植え、右誓いの記念といたします。

昭和四十四年七月七日

日本中国友好協会小金井支部

まで勾留を続けました。

この対応に中国側は態度を硬化させ、漁業監視船派遣、ガス田開発をめぐる日中条約締結交渉延期、閣僚級の交流停止などに加え、国連総会時に予定されていた日中首脳会談（21日）も見送りました。

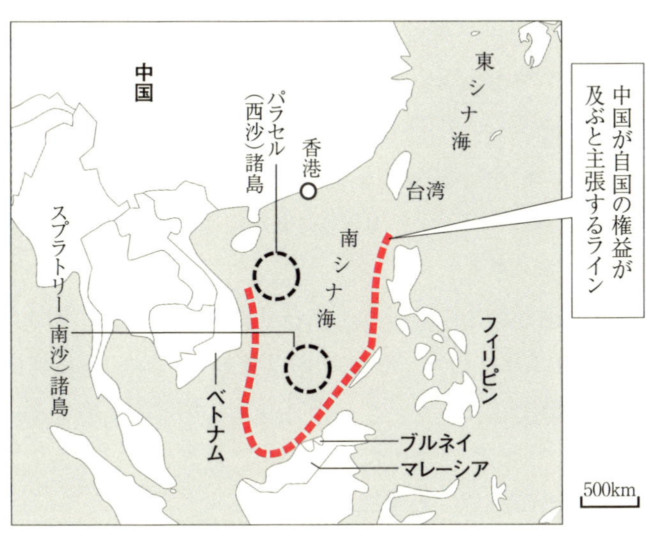

このような険悪な雰囲気の中、９月18日を迎えました。この日は、1931年に柳条湖事件が起きた日です。日本軍が柳条湖付近の鉄道を爆破し、これを中国軍の仕業だとして、満州を軍事占領、その後、「満州国」をつくって植民地化しました。それを忘れないために、中国はこの日を「九一八記念日」としています。この記念日を中心に、北京、上海では反日デモが起こり、広州日本領事館にはビール瓶が投げ込まれたりしました。SMAPの上海公演が中止になったり、日本人の中国修学旅行が取りやめになるなど、民間の交流にも大きな支障をきたしました。

日本の国有化宣言

さらに2012年９月11日、日本政府は、尖閣諸島のうち魚釣島、北小島、南小島の３島の「国有化」を決定しました※。中国側は、直前に国家主席や外務省が強硬に抗議したにもかかわらず国有化したことに猛反発しました。「棚上げ状態の重大な変更」を日本が勝手に行ったからです。

各地で反日デモが広がり、2012年の「九一八記念日」には120都市以上にデモが拡大しました。デモは一部で暴徒化し、日系企業やレストラン、商店などの襲撃もありました。この年は日中国交回復40周年でしたが、記念行事も両国間の民間交流も中止が相次ぎました。

※大正島は1921年から国有化。久場島は民間人の私有地のまま米軍射爆撃場に設定されています。

この頃から中国監視船の航行や航空機の飛来も相次ぐようになりました。2013年には東シナ海で中国軍艦が日本の自衛艦に射撃管制用レーダーを照射しました。これはミサイルなどの兵器を命中させるための準備行為であり、偶発的な戦闘が起こりかねない状況でした。このように近年、日中間で一触即発の事態となっています。

中華人民共和国は尖閣諸島をめぐる日本との争いだけでなく、東南アジア諸国とも南シナ海で諸島嶼の領有権を争っています。西沙諸島については中国とベトナムが、南沙諸島については中国とベトナム、フィリピン、マレーシア、ブルネイ、台湾がそれぞれ領有権を主張しています。これらの地でも紛争が絶えず、軍事的緊張が生じています。2016年7月、常設仲裁裁判所は南沙諸島の中国の権利主張は根拠がないという判断をしました。

こうした中で、中華人民共和国は通常戦力の全面的な拡張を続けています。たとえば、陸軍・空軍の通常戦力は、兵員数・兵器数が世界最大規模で、これらが「脅威」の根拠とされています。もっとも陸軍・空軍ともに膨大な旧式兵器であるともいわれていますし、海軍も拡張はしているものの、攻撃型原子力潜水艦も6隻程度で、「外洋艦隊化」には程遠い状況です。戦略核兵器は旧ソ連と比べれば圧倒的に少ないですが（実戦配備のSLBM〔潜水艦発射弾道ミサイル〕は100基程度。旧ソ連は冷戦末期に900基）、しかし増強しているのは事実です（山田朗「現代日本の軍事力と北朝鮮・中国の動向」『日本の科学者』2013年12月号参照）。

日本の侵略戦争とかかわる領有権問題

中華人民共和国が尖閣諸島の領有を主張し始めたのは、1971年でした。それ以前は、この諸島について何の意思表示もしていませんでした。中華民国（台湾）も、同じくこの1971年に尖閣諸島は領土の一部分だと主張し始めました。周辺海域に豊かな地下資源があると発見されたからです。

一方、日本が閣議決定で尖閣諸島を日本領としたのは明治政府で、1895年１月のことです。当時、どの国の支配も及んでいなかった土地であり、その占有は国際法上、認められた領土取得の方法でした。日本の実業家がこの地を探検し、開拓許可を申請していたからでした。その後、実業家が開拓し、一時期は日本から人が渡って生活していたこともありました。

戦後、日本の敗戦にともなって、領土が確定するのはサンフランシスコ講和条約（1951年）です。この時、日清戦争以降に植民地としていた台湾の放棄は確認されましたが、尖閣諸島は沖縄県の一部として扱われました。これらの経緯からすると、尖閣諸島は、歴史的にも法的にも日本の領有権主張に理があります。

しかし、日本の措置にも若干の問題があります。たとえば、1895年の閣議決定は国内的にも対外的にも公示されませんでした。現地に標杭を建設するという決定も、実行されたのは1969年でした。領土確定のサンフランシスコ講和条約は、中華人民共和国も中華民国も会議に参加していません。そして、1972年の日中共同宣言の際も1978年の日中平和友好条約の際も、日本も中華人民共和国と同様、尖閣諸島領有権について「棚上げ」を確認しています。これらの事実から考えると、日本側の主張は説明不足であることも事実です。

安倍首相をはじめとして、日本の政治家が中国への過去の侵略戦争を正当化し、侵略の事実を歪曲する言動を続けています。そうした中で、日本が領有を主張した前述の1895年１月というのは日清戦争で清が敗色濃厚であった時期でもあり、「日清戦争で台湾とともに日本がかすめとった」という主張が中国国内で広まるのも無理はないかもしれません。ここでも日本の歴史認識が問われることになっています。

４つの基本文書

尖閣諸島をめぐる緊張状態を解決し、日本と中華人民共和国が歩み寄るためにはどうすればよいのでしょうか。日中両国においても、これまで友好関係を確認してきた歴史があります。それは以下の四つの基本文書に表れています。

歴史教育者協議会日中交流委員会が企画した金陵中学（中国・南京市）での授業見学。「戦後の中日関係について」と題する授業で、教師は今後の中日関係をどのように友好的にするのか、生徒に考えさせる内容ですすめていた（2015年12月28日）。日中の政府間の交流は必ずしも盛んではないが、このように民間レベルでは旺盛な研究交流が行われている

1972年　日中両国政府共同声明
1978年　日中平和友好条約
1998年　平和と発展のための友好協力パートナーシップの構築に関する日中共同宣言
2008年　戦略的互恵関係の包括的推進に関する日中共同声明

1972年の「日中両国政府共同声明」では、過去の戦争において日本が「中国国民に重大な損害を与えたことについての責任を痛感し、深く反省する」とあります。98年の「共同宣言」でも「過去の一時期の中国への侵略によって中国国民に多大な災難と損害を与えた責任を痛感し、これに対し深い反省を表明」したとあります。まず、日本側は、この侵略の歴史を反省するという確認が第一に必要でしょう。

そして、両国は「日中両国政府共同声明」で「すべての紛争を平和的手段により解決し、武力又は武力による威嚇に訴えないこと」を確認し、「両国のいずれも、アジア・太平洋地域において覇権を求めるべきではなく、このような覇権を確立しようとする他のいかなる国あるいは国の集団による試みにも反対する」としています。2008年の「日中共同声明」でも、この原則を確認するとしたうえで、「双方は、互いに協力のパートナーであり、互いに脅威とならないことを」確認するとも述べています。

これらから読み取れるように、文書には憲法第９条の「武力による威嚇又は武力の行使は、国際紛争を解決する手段としては、永久にこれを放棄する」の平和主義の精神が盛り込まれています。つまり、日本は中国と憲法に基づく平和外交をすすめ、一定の成果を得ていたのです。

にもかかわらず、中華人民共和国の艦船や航空機の領海侵犯、自衛隊を先島諸島（石垣島、宮古島）に増強する計画など、現在の両国は、どちらも「威嚇」を与え、「脅威」となっています。そして、「棚上げ」の合意を一方的に破棄して、「尖閣諸島をめぐってはいかなる領土問題も存在しない」と主張する日本の姿勢は、とても「平和的手段」で解決を図っているとはいえません。まず、これらの基本文書で双方が合意したことに立ち返るべきでしょう。

歴史認識問題の解決を図りながら平和的な話しあいを

日本と中国の友好の時代は長く、古代より文化的・経済的交流が続いていました。現在も、日本が中国の安価な労働力を酷使しているといった問題があるものの、両国が経済的に深い依存関係にあることは間違いありません（次頁、その次の頁のグラフ参照）。それゆえ、万が一、軍事的衝突が起こった場合、日中双方の打撃は計り知れません。その意味でも、日本は、これまですすめてきた憲法の平和主義に基づく外交に戻るべきです。

日本の領有権に理があるとはいえ、現実に領土問題は生じています。両国の友好の歴史をふまえ、歴史認識問題の解決を図りながら、平和的な話しあいをすべきではないでしょうか。

領土問題の解決に決着が見られれば、「双方は、互いに協力のパートナー」として、経済・文化・スポーツなど様々な分野でのさらなる交流が期待できます。憲法の平和主義に即した外交こそ、大きな可能性を持っています。

日本にとって対中輸出は2位、対中輸入は1位 (2015年)

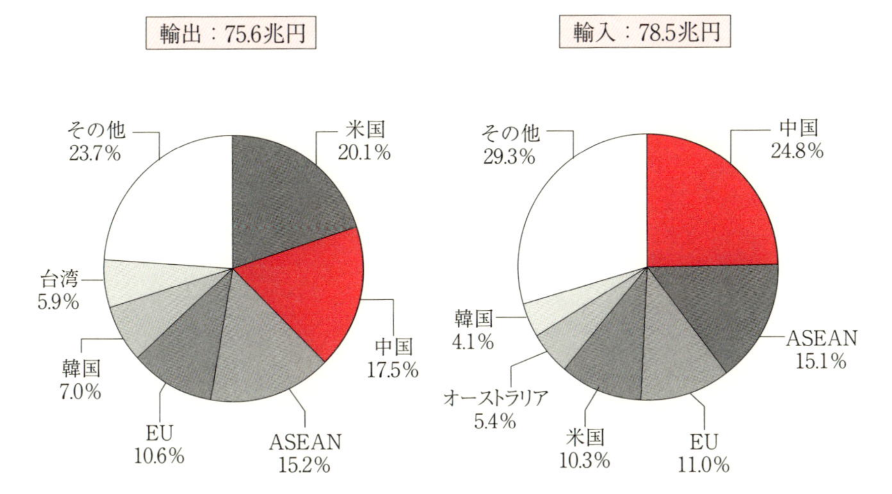

財務省貿易統計より

中国にとって対日輸出は国として2位、対日輸入は同3位 (2015年)

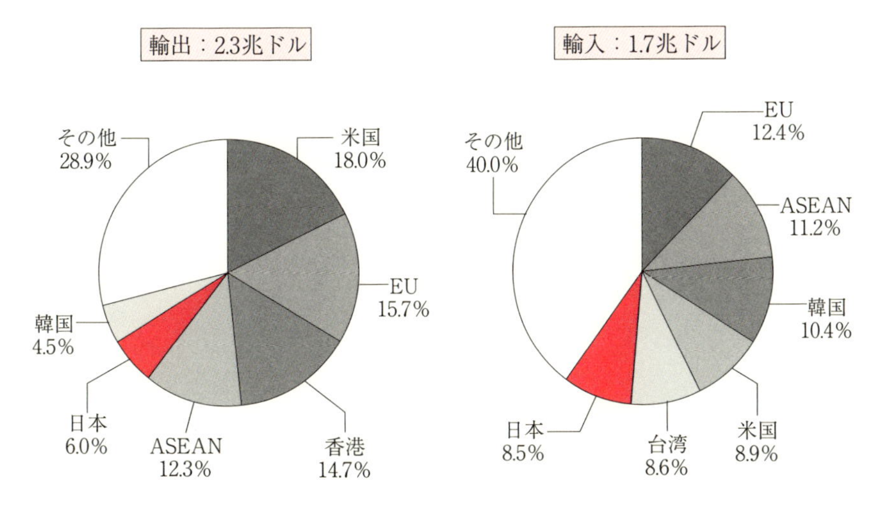

中国の海関総署統計より

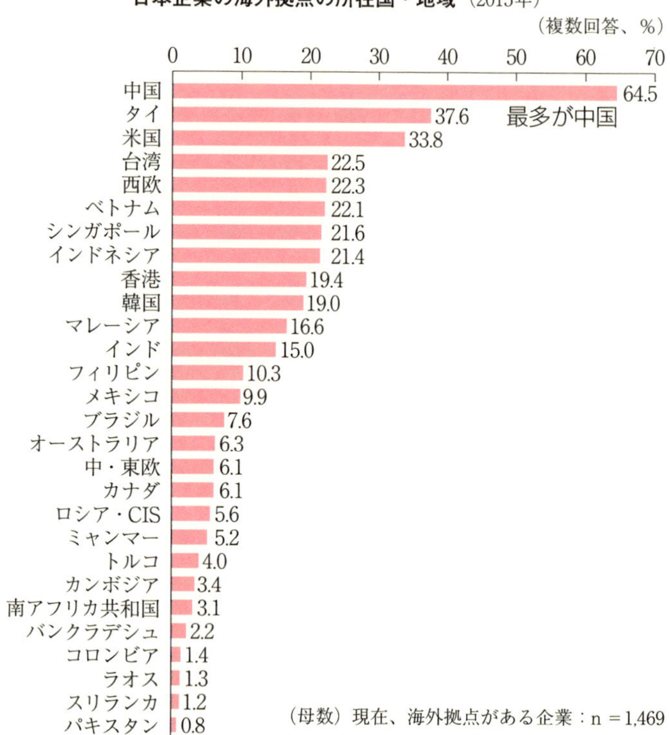

日本貿易振興機構海外調査部の調査（有効回収数3005社）結果から作成
※中国貿易外経統計年鑑2013によると、2012年末の日本から中国への進出企業数は2万3094社で国としては1位

第11章　「テロ」の増大にどう対応すべきですか？

IS の卑劣なテロ

フランスのパリで同時多発テロ事件が起きました。2015年11月13日（日本時間14日早朝）のことです。パリ中心部のコンサートホールなどで、銃撃や爆発が起き、130人が死亡、負傷者は300人以上となりました。あまりに凄惨な事件に、多くの人々が驚きショックを覚えました。

犯行声明によれば、IS（Islamic State:「イスラム国」）を名乗る組織の８人が実行犯だったといいます。フランスは非常事態宣言を出し、フランス軍は、アメリカ軍、ロシア軍と協力しながら、シリアの IS 拠点を空爆しました。

IS がテロ※を起こしたのは、今回が初めてではありません。2014年頃から、各地でテロを起こし、また外国人を拉致（らち）して殺害する事件も起こしています。2015年１月から２月、日本人の湯川遥菜さんと後藤健二さんが殺害された映像も流されました。IS はイラク、シリアにも侵攻し、支配地域を広げています。支配地域では、従わない人々が公開処刑されたり、異教徒の女性が奴隷にされたりするなど、非人道的な支配が行われているといいます。

※「テロ」「テロリズム」の学問的な定義はまだ確かではありません。特に日本では、相手を不当に貶める言葉として使われることもあります。本書では便宜上、政治的な背景をもって行われる暗殺・暴行・破壊活動などを「テロ」とします。

2016年７月１日、バングラデシュの首都ダッカでテロがあり、日本人７人を含む20人が犠牲となりました。IS が犯行声明を発表していますが詳細は不明です。

中東地域が抱える問題をその地理や歴史も含めて理解することが大切

この間、いくつものテロ事件（年表参照）が起きては、アメリカを中心に「対テロ戦争」が呼びかけられました。日本もこの「対テロ戦争」に関わってきました。テロに対して、空爆などの武力行使をすれば、テロはなくせるのでしょうか。平和は訪れるのでしょうか。

2001年９月11日	アメリカ同時多発テロ事件（アルカイダ）
2004年３月11日	スペイン列車爆破事件（アルカイダ）
2005年７月７日	ロンドン同時爆破事件（アルカイダ）
2014年12月16日	ペシャーワル学校襲撃事件（パキスタン・タリバーン運動）
2015年１月７日	シャルリー・エブド襲撃事件（イスラム過激派）
2015年10月２日	ニューサウスウェールズ警察本部銃殺事件
2015年10月10日	アンカラ爆破テロ事件

2015年11月13日　パリ同時多発テロ事件
2016年３月22日　ブリュッセル連続テロ事件
2016年７月１日　ダッカ・レストラン襲撃人質テロ事件

「9.11事件」からアフガニスタン戦争へ

近年において、史上最大のテロといわれるのがアメリカ同時多発テロ、「9.11事件」です。2001年９月11日、旅客機がハイジャックされ、犯人たちの操縦によって、旅客機はニューヨークの世界貿易センタービル、ワシントンの国防総省本庁舎などに突入、炎上しました。死者は3000人以上、負傷者は6000人以上にものぼりました。この事件は世界に衝撃を与えました。

アメリカは、オサマ・ビンラディンをリーダーとするテロ組織「アルカイダ」によって計画・実行されたものと断定し、「アルカイダ」が潜伏するアフガニスタンに犯人引き渡しを求めました。しかし、イスラム原理主義「タリバーン」政権のアフガニスタンは引き渡しを拒否。するとアメリカは、イギリスなどとともにアフガニスタンを空爆。「タリバーン」政権を、約２か月の戦闘により「転覆」させました（アフガニスタン戦争）。

しかし、このアフガニスタン戦争は2016年夏現在も続いています。新たな政権が生まれ選挙も行われたものの、アメリカ軍らの無差別の空爆や銃撃が、多数の民間人犠牲者を生み、激しい反米感情を抱く住民が増え、これを利用しながら「タリバーン」が抵抗し、戦闘が泥沼化しているからです。2015年10月３日、アフガン北部クンドゥズで行われたアメリカ軍の「国境なき医師団（ＭＳＦ）」の病院への１時間以上もの空爆は、スタッフと患者ら22人を殺害。死者には子ども３人も含まれていたといいます。これはアメリカによる明らかな戦争犯罪です。

日本は、アメリカがアフガニスタンに攻撃を始めた時から、この戦争を支援しています。テロ特措法をつくり（2001年）、アメリカ艦船への給油のために自衛隊員を派兵しました。

暮らしの中の日米安保　佐世保と日出生台

ボノム・リシャール（アメリカ海軍強襲揚陸艦）

強襲揚陸艦は空母を発展させたもので、海兵隊遠征部隊を丸ごと一個（約1800人）収容できます。ヘリコプターや揚陸艇を搭載し、敵地に殴り込みをすることができる機能を一艦で持っています。ボノム・リシャールに交代する前に佐世保基地に配備されていた強襲揚陸艦エセックスは、アフガニスタンやイラクの戦争に向かいました。日本の基地で戦闘の準備をし、日本の基地から出港して戦争を始めています。これは、日本が戦力を保持していることと何ら変わりはなく、他国からは脅威と見られています（第３章・４章）。

アメリカ海軍佐世保基地（長崎県佐世保市）

陸上自衛隊日出生台演習場（大分県由布市ほか）

旧日本軍の演習地だったこの地は、戦後、農民が開拓を始めましたが、アメリカ軍が半強制的に接収。後に陸上自衛隊の演習地になりました。1996年のSACO合意により、アメリカ軍が沖縄のキャンプハンセンで行っていた県道104号線越え実弾砲撃演習を1997年度より本土５か所（北海道矢臼別、宮城県王城寺原、静岡県東富士、山梨県北富士、大分県日出生台）に移転することになり、この日出生台（ひじゅうだい）演習場でも実弾演習が始まりました。この日出生台演習場で実弾演習をした海兵隊がイラク戦争にも参戦しています。

地域住民は監視小屋などを設け、粘り強い反対運動を続けています。

イラク戦争

アメリカは湾岸戦争で多国籍軍の中心としてイラクを攻撃しました（1991年）。そして再び2003年３月20日、イラクに侵攻しました。イラクのフセイン政権が「大量破壊兵器を保有している」ことと、「アルカイダの要員を含め、テロリストを援助し、かくまっている」という二点がその根拠でした。後にこの二つとも虚偽であったことがアメリカ自身によって検証されています。国連安全保障理事会の決議もなく、正当性は何もない戦争でした。

アメリカは他国の支持を集めて35か国の「有志連合」をつくりました。しかし、フランス、ドイツは参加せず、スペインも１年あまりで撤退しました。イギリスのように国内の反対を押し切って2009年まで参戦した国もあります。そのイギリスも、後に国内の調査委員会で、イラク戦争参戦について、数多くの誤った判断と政策決定に基づくものだったとしています。

アメリカはフセイン政権を倒し、イラクを占領しました。旧フセイン体制の軍を解体し、イスラム教シーア派やクルド人を優遇するイラク統治評議会がつくられましたが、それによってイスラム教スンニ派やシーア派、クルド人など宗派間や民族間の争いが発生、アルカイダなどによるテロも増大し、多くの国民が犠牲となりました。2013年段階で、戦争によるイラクの民間人犠牲者は13万4000人と推計されています。罪もない人々が殺され、反米感情が高まっています。そしてイラク戦争後、それまで国内で要職についていたイスラム教スンニ派が冷遇されるようになりました。旧イラク軍のスンニ派が大量にISに流れていったともいわれます。

イラク戦争と日本

日本は、「有志連合」に入り、イラク特措法を成立させて（2003年）、「人道復興支援」や空輸支援のため自衛隊をイラクに派兵しました。アフガン戦争のときのテロ対策特措法も、このイラク特措法も、自衛隊の活動地域を（１）現に戦闘行為が行われておらず（２）活動の期間を通じて戦闘行為が行われることがないと認められる地域（非戦闘地域）に限っていました。しかし、実際は、自衛隊が多国籍軍の武装兵員を戦闘行為の行われている地域に輸送していました。

これに対して、日本全国の11の地方裁判所で訴えが起こされました。名古屋高裁は、「戦闘行為に必要不可欠な軍事上の後方支援を行っていることであり、他国の武力行為と一体化した行動で、自ら武力の行使を行ったとの評価を受けざるを得ない。これらの活動は、イラク特措法に違反し、憲法９条１項に違反している」として違憲判決を下しました（2008年）。しかも、この判決は、憲法前文の「平和的生存権に具体的権利性がある」とし、「平和のうちに生きる権利」が侵害された時、国民が訴えることができることをも証明した画期的なものでした。

暮らしの中の日米安保　東富士演習場と今沢海岸

写真左の東富士演習場（静岡県御殿場市、小山町、裾野市）は、もともと旧陸軍の演習場で、戦後、開拓がすすみましたが、すぐにアメリカ軍が接収しました。陸上自衛隊とアメリカ軍海兵隊が演習をします。SACO 合意（79頁）による実弾射撃演習も行われています。この演習場につくられた陸上自衛隊「市街戦訓練施設」はアメリカ軍海兵隊も使用し、イラク戦争を想定した訓練が行われたといわれます。

写真右は今沢海岸（静岡県沼津市）で、「沼津海浜訓練場」があります。ベトナム戦争やイラク戦争では上陸作戦演習が頻繁に行われました。現在は、海上自衛隊の訓練基地で、LCAC強襲揚陸艇の訓練などが行われますが、アメリカ軍と一体となった訓練もあります。1950年代から地元住民を中心とした根強い反対運動があります。

テロをする側の論理

国際テロ組織のアルカイダが誕生するのは、1980年代です。イスラームのスンニ派の一部がつくりました。テロ組織ISのルーツが誕生したのは、2002年ころです。その後、アメリカがイラク戦争を開始すると、国際テロ組織アルカイダと連携を強め、「イラクのアルカイダ」に名前を変えました。2013年に「イラク・シリアのイスラム国」へと改称、その後IS（「イスラム国」）を名乗っています。

イスラム教徒全体がテロリストなのではありません。もともとイスラームは宗教的対立を戒め、共存の平和を説く教えです。しかし、一方でアルカイダの行為を「ジハード（聖戦）」と称える向きもありました。「9.11事件」のオサマ・ビンラディンの犯行声明に共鳴するイスラム教徒も多くいました。

「米国がいま経験しているのは、我々が数十年にわたって味わってきたことの一部である。我が民族は過去八十有余年にわたってこのような屈辱を味わってきた。我が民族の同胞たちは殺され、その血は流され、我が民族のいくつもの聖地は侵されてきた。……私がこうして話しているときにも、100万もの罪なき子供たちが殺されている。イラクの子供たちは狂気が罰せられることのないままに殺されており、これに対する糾弾も、違法だとする統治者や権力者の判断も、我々の耳には聞こえてこない。ここ数日、イスラム世界の一角たるパレスチナにおいて、イスラエルの戦車や装甲車がジェニン、ラマッラー、ラファハへ不当に突入しているというのに、我々は怒りの声を耳にすることはない。」

暴力に訴えたり、罪なき人を殺害したりするのは、どんな目的があろうとも、断じて許されることではありません。仮に、テロ組織やその首謀者が何かの大義名分を掲げていたとしても、そこに何ら正当性はありません。

しかし、テロ組織の巧妙な宣伝によって、そうした集団に共鳴する人々が生まれているのも事実です。「報復の連鎖」を生まないためにも、テロに共鳴する人や組織に流入する人が何に対して憤りを感じているのかは、知るべきでしょう。彼らは、彼らにとっての聖地エルサレムが侵略されていること、イスラム教徒が迫害されていること、イラクをはじめアラブ諸国がアメリカなど大国によって踏みにじられていることに、許しがたい思いを持っているのです。これはISに流入する人々も同じです。

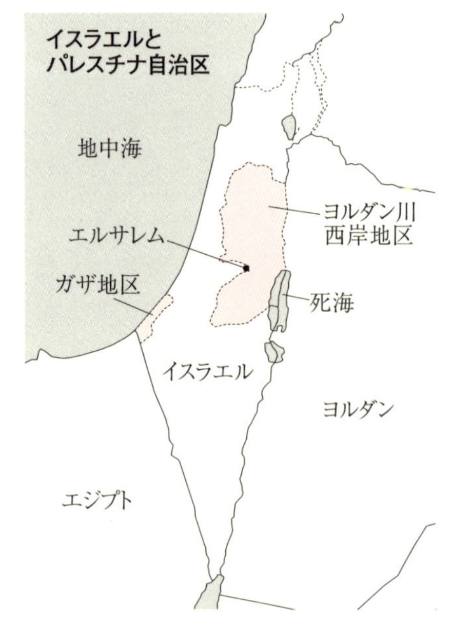

中東紛争の要因としての「パレスチナ問題」

パレスチナのエルサレムはユダヤ教、キリスト教、イスラームの聖地であり、イスラームは共通の聖地として共存を求めてきました。ところがヨーロッパ・キリスト教世界は、キリスト教徒以外を異教徒として、イスラム教徒やユダヤ教徒を敵視してきた歴史があります。

19世紀末になると、ユダヤ教徒迫害が強まるヨーロッパのユダヤ人から、ユダヤ人国家を実現して「ユダヤ人の解放」を求める「シオニズム運動」が始まります。イギリスはこれを利用しながら、アラブに独立を認める一方でユダヤ国家建設を認め、実はイギリス・ロシア・フランス間で西アジア分割に関する秘密協定を結ぶという身勝手な中東政策をすすめます(1916年、サイクス・ピコ協定)。その後、イギリスによるパレスチナ委任統治の時代を経て、第二次世界大戦後、ユダヤ人国家・イスラエルがアメリカの支持のもとに独立します。

中東は石油供給地であり、パレスチナは産油地帯と積み出し港を結ぶ要の場所にあります。アメリカのねらいの一つはこの石油にあるといえるでしょう。

しかし、イスラエル建国から現在まで、これに反対する現地のアラブ住民は激しく対立してきました。イスラエルによって虐殺されたアラブ住民も多数います。最近では、2008年～2009年、1300人以上のパレスチナの人々が殺され、5000人以上が重軽傷を負いました。2014年にもイスラエルはガザに侵攻し、2000人以上の死者が出ています。イスラエル建国によって住まいを奪われた人々は、これまで440万人にのぼるといわれます(パレスチナ難民)。イスラエル軍による弾圧は現在も続いています。

アメリカの歴史学者ハワード・ジンは、このアメリカの戦略を次のようにいいます。

「アメリカ合衆国はイスラエルと親密な関係を維持する政策をとり続ける一方、他方では石油諸国とも密接な関係を保ち、アメリカ合衆国が中近東で支配力を維持し続けることができるように、これらの国々を互いに対抗させるという政策をとっているのです。」(ハワード・ジン『テロリズムと戦争』大月書店、2003年、藤田進「「中東紛争」の要因は何か」『歴史地理教育』2015年10月号、参照)

テロについて描いた映画

「禁じられた歌声」（アブデラマン・シサコ監督、フランス・モーリタニア、2014年）は、昨今のイスラム過激派の支配を描いています。過激派組織に支配された街で、自由が奪われた生活がいかに過酷なものか、そのなかでどのような抵抗が可能か、訴えるものです。

「神々と男たち」（グザヴィエ・ボーヴォワ監督、フランス、2010年）はアルジェリアが舞台です。フランス人修道士たちが、アルジェリア軍とイスラム過激派の間にはさまれ、苦悩する様子が描かれています。

アメリカ同時多発テロ、「9.11事件」は、アメリカ社会を揺るがす大きな事件であっただけに、様々な映画がつくられています。「ものすごくうるさくて、ありえないほど近い」（スティーブン・ダルドリー監督、アメリカ、2011年）は、事件で父親を失った少年が、父親への追憶をたどりながら探検に興じる物語です。突然の事件で肉親を失った人々の衝撃は大きく、「再会の街で」（マイク・バインダー監督、アメリカ、2007年）もこのテーマでつくられています。妻子を失った医者が心を閉ざして生きていくようになってしまいます。事件後に失意の人々を大量に生み出し、アメリカ社会がいかに苦悩したのかが読み取れます。

暮らしの中の日米安保　**広島の弾薬庫**

川上弾薬庫（広島県東広島市、左）と秋月弾薬庫（広島県江田島市、右）。川上・秋月・広の三つの弾薬庫をアメリカ陸軍秋月弾薬廠といいます。

東アジア最大の弾薬庫群です。旧日本軍が所有していた弾薬庫、石油基地を、戦後アメリカ軍が接収しました。ベトナム戦争や湾岸戦争では、この弾薬庫から弾薬が運び出されました。川上弾薬庫には劣化ウラン弾の貯蔵の可能性もあるといわれています。

大国の中東支配がテロの背景に

イスラエル建国によって、イスラム教徒をはじめとするアラブ住民が迫害を受け、犠牲となっています。アメリカの援助によるものです。

さらにアメリカは、湾岸戦争（1991年）で多国籍軍を率いてイラクを攻め、2003年に再びイラクに侵攻し、占領しました。湾岸戦争のときには劣化ウラン弾が大量に使われました。ウランが毒性を持つだけでなく、放射性物質を含んでおり、内部被曝による放射能被害をもたらします。イラクではガンや白血病、先天性障害を持った子どもが多く生まれました。劣化ウラン弾の影響と考えられています。

ほかにも、市民をも巻き添えにした爆撃が続きました。2014年８月以来、テロ撲滅と称して、アメリカをはじめとする有志連合、ロシアなどがイラク、シリアに空爆を続けています。しかし、ここでもまた罪もない市民が犠牲となり、反米感情が高まっています。難民が増え、混乱と宗派対立も広まっています。

大国の支配を逃れてヨーロッパに移民するイスラム教徒やアラブ人も多くいます。しかし、彼らに対する宗教的差別、民族的差別は根深く、その影響もあって、貧困と格差は拡大しています。

こうした状況下から生まれる絶望感や憎しみがテロの温床となっているのです。もちろんテロで問題が解決するわけではありません。IS などのテロ組織は、暴力による報復をすることで、さらなる混乱をもたらすことをねらっているといっていいでしょう。

日本人が「標的」に

安倍政権は、イスラエルと安全保障上の協力をする共同声明を発しました（2014年）。IS の脅威を取り除くためと称してイラク、レバノンに資金援助もしています。これらはアメリカの中東戦略に積極的に加担するものでもあります。2015年、IS がすべての日本人が標的だと声明を出したのは、日本のこうした政策と関連しています。日本はテロ組織の憎悪を増幅させています。

暮らしの中の日米安保　**三沢飛行場**（アメリカ空軍・航空自衛隊）

三沢飛行場（青森県三沢市）は、戦前は日本海軍航空基地でした。戦後、アメリカが接収して拡張、現在は航空自衛隊、民間空港もあります。戦闘機の騒音が大きな問題となって

います（第5章)。ここに配備されているF16戦闘機部隊がアフガニスタンやイラク、ISへの空爆のために派遣されました。また航空自衛隊のF35ステルス戦闘機（次期主力戦闘機）も2017年度から配備される予定です。

テロを根絶するために

テロに対して対テロ戦争をするのは、報復が報復を呼び、また市民が犠牲となって新たな報復感情を呼び起こすだけです。これは、なんら解決になりません。

テロに対しては基本的には警察力で防御することです。そして何よりも、テロという人権侵害をはたらくような集団が、社会的に孤立し、組織を維持できなくなるような状況をつくることが必要ではないでしょうか。どこかの国が、あるいは有志連合が対処するのは、その国への報復を呼び起こします。それよりも、組織とテロの温床を弱体化させ、なくしていくことで、テロに対する根本的な解決を図るのです。

一つは、まずテロ組織に流れている資金や武器を断つことです。ISにはアメリカ製の武器が大量に流れています。武器の製造、輸出を止めることが第一です。

二つめに、イスラエル建国以来のアラブ社会への弾圧、アメリカをはじめとする大国の中東支配が、憎悪と混乱を増しています。この事態の平和的解決が求められます。当然、イスラエルやアメリカによる、真摯（しんし）な反省と謝罪、補償が必要になります。そのためにも、国際社会の中に解決のための仲裁機関をおいて、アラブ諸国やパレスチナの主張も聞きながら、彼らの憎悪を和らげる努力をすべきです。

三つめとして、貧困と差別がテロの温床となっている以上、これを早急に解決すべきです。国際社会が物質的、金銭的援助をしながら、すでにそのような試みを始めているNGO団体や国際医療機関などに活動資金の援助をすることです。そして差別をなくすために、各国は国内での教育・啓蒙を徹底する必要があるでしょう。

この中で、日本ができることは数多くあります。第2章でふれたように、日本のNPO団体がアフガニスタンのある地域に灌漑(かんがい)設備をつくったことで生産力が向上し、地域が安定して治安がよくなったという実例もあります。そのようなことに力を注ぐべきです。逆に、イスラエルへの協力など、アメリカ側の中東戦略を支援する政策を今すぐにやめるべきです。

第Ⅲ部　安保関連法や９条改憲は日本を守らない

核兵器をなくそうと訴え続けてきた「３．１ビキニデー」(2016年３月１日)

第12章　安保関連法はなぜ問題なのですか？　その１
――集団的自衛権とは何か

安保関連法の四つのポイント

　安保関連法とはどのような法律でしょうか。この法の成立がなぜそれほどまでに大きなことなのでしょうか。

　安保関連法といわれる11の法律によって、日本がどのように変わったのか、その概要を４点のみ示します。a「集団的自衛権の行使」、b「後方支援」、c「米軍部隊の防護」、d「PKO の任務拡大」の四つです。安保関連法にみられる集団的自衛権の行使、戦争する国づくりは、安倍内閣だけでなく、長年、支配層が目論んでいたことです。いま、すすんでいる運動で仮にこの法を廃止することができても、保守勢力は必ず同じような法をつくろうとするでしょう。それを阻むためにも、正確な理解が必要です。

集団的自衛権行使で何が変わる？

　自衛隊は、平和主義を実現しようとする人々の運動の結果、活動を制限され続けてきました。それゆえ、自衛隊は海外には出動しない、日本がどこかの国に攻撃されたとき、それを武力で撃退する、自衛隊はそのためにある、というのが政府の解釈でした。これを個別的自衛権といいます（図の①）。

　ところが、今回の安保関連法で、限定付きながら※、集団的自衛権行使を容認しました。日本は直接に攻撃を受けていなくても、日本と密接な関係にある国（図の②のＢ国）が攻撃されたとき、この相手国を攻撃すること、これを集団的自衛権といいます。これまで政府は、憲法第９条がある日本では、集団的自衛権行使は認められない、自衛隊は海外で他

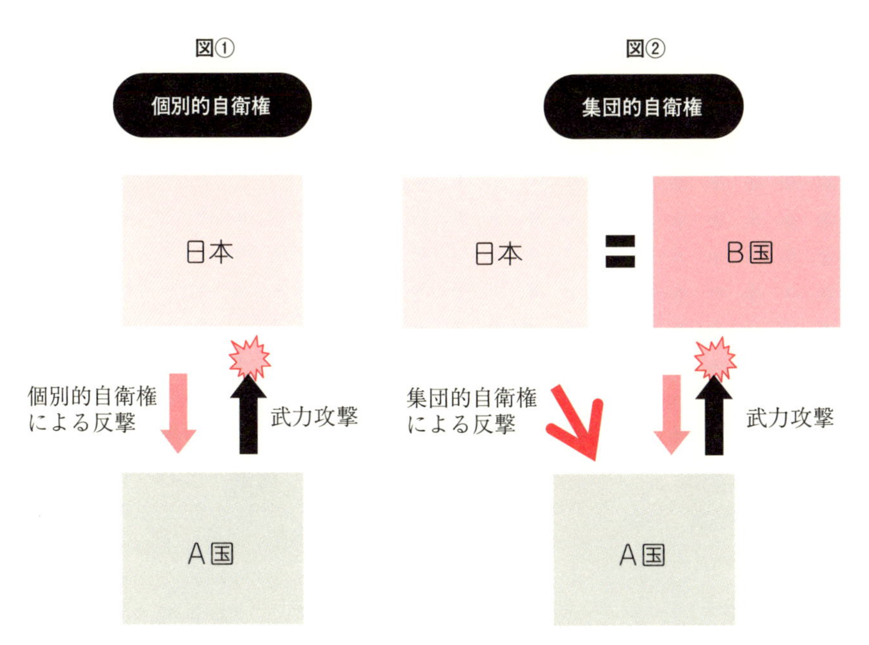

国と戦うことはない、といい続けてきたのです。今回その解釈を変えました。

※安保関連法においては、集団的自衛権を発動するには条件があり、「我が国と密接な関係にある他国に対する武力攻撃が発生し、これにより我が国の存立が脅かされ、国民の生命、自由及び幸福追求の権利が根底から覆される明白な危険がある事態」という、いわゆる「存立危機事態」の時のみ、としています。

集団的自衛権は、いわば「他衛権」だといわれています。図でわかる通り、もともとA国は日本を攻撃していません。しかし、日本はA国を攻撃するのですから、A国と日本の間でも戦争となるでしょう。

密接な関係にある国として想定されるのが、第一にアメリカです。つまり、アメリカがA国から攻撃されたとき、「日本の存立を脅かされる」などと政府が勝手に判断すれば、自衛隊はアメリカに加勢して軍事行動をする、というのがこの安保関連法です。

侵略戦争の口実として使われてきた「権利」

集団的自衛権はどの国も持っている権利だといわれます。たしかに国連憲章には次のように書かれています。

国連憲章第51条
この憲章のいかなる規定も、国際連合加盟国に対して武力攻撃が発生した場合には、安全保障理事会が国際の平和及び安全の維持に必要な措置をとるまでの間、個別的又は集団的自衛の固有の権利を害するものではない。……

これは第二次世界大戦後、アメリカが強く推し、ソ連も賛成する中で国連憲章に書き込まれたものです。しかし、これまで集団的自衛権の名のもとに、何が行われたかをみると、その実態がわかると思います。

1979年に、ソビエト連邦はアフガニスタンに侵攻しました。親ソビエト政権であるアフガニスタンの内部で起きた武装蜂起に対して、ソ連は集団的自衛権を行使するといって軍事侵攻したのです。1989年に撤退するまで、ソ連は10年以上もアフガニスタンに侵攻し続けました。

このように大国は、「集団的自衛権」の名のもとに他国に軍事介入、侵略戦争を繰り返してきたのです。同盟国を侵略戦争に駆り立てる口実としても使われました。それによって国際社会の平和がもたらされたのかといえば、むしろ逆でした。紛争を悪化させ、泥沼化させる結果となりました。大国の侵略戦争の口実として行使されてきた「集団的自衛権」が国連憲章に記されたままでよいのか、考えるべきだという議論は根強くあります。

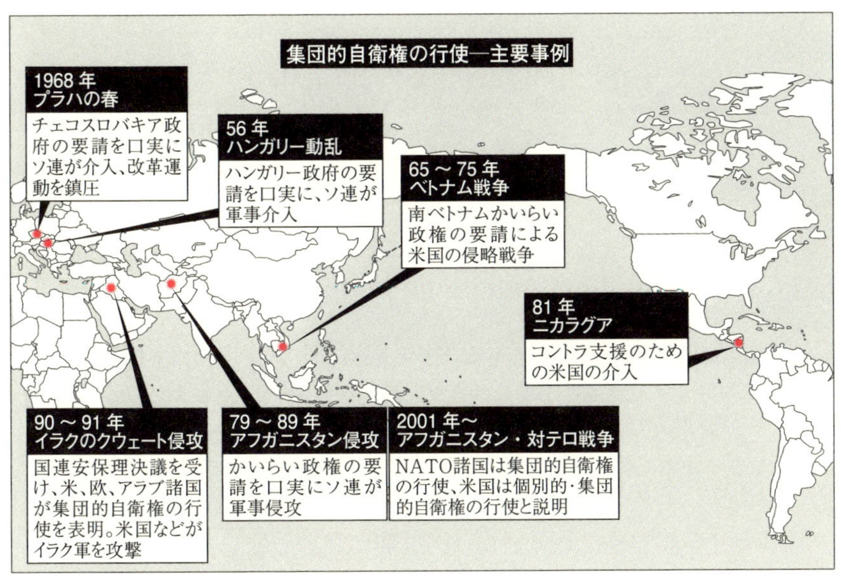

しんぶん赤旗2014年3月9日付より

ベトナム戦争とはどんな戦争だったか

「集団的自衛権」の名のもとに行われた戦争の一つにベトナム戦争があります。

1965年に本格化したベトナム戦争は、傀儡（かいらい）政権を使ったアメリカによる南ベトナム（ベトナム共和国）支配、ベトナムへの介入に対し、広範な南ベトナムの人々と北ベトナム（ベトナム民主共和国）政府が国土の統一、民族自決を試みた戦争でした。南ベトナム政権は汚職で腐敗していたこともあり、南ベトナム解放民族戦線もできて、北ベトナムが優勢でしたが、アメリカは集団的自衛権を行使すると称して、北ベトナムに爆撃を繰り返しました（北爆）。

ベトナム戦争では、ベトナム市民への虐殺や暴行などアメリカの戦争犯罪も数多くありました。また、アメリカはジャングル内の隠れ家を見つけるために枯葉剤を大量散布しました。枯葉剤に含まれたダイオキシンは、ベトナムの人々の身体や国土に、そしてアメリカ兵にも、後々まで大きな影響をもたらしました。

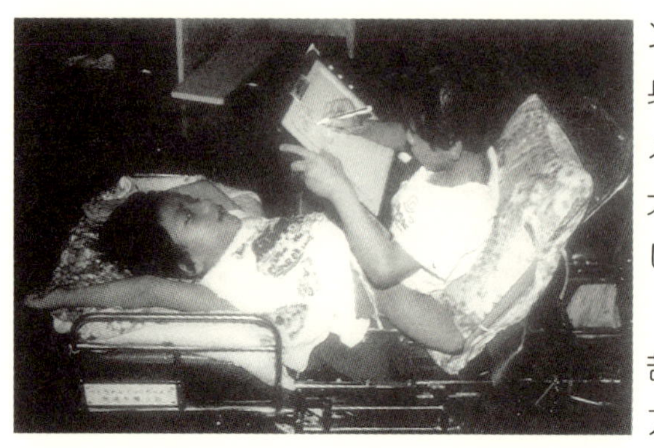

ベトナム戦争中の枯葉剤の影響で結合双生児として1981年に生まれたベトちゃん・ドクちゃん（1987年、ホーチミン市）

アメリカ兵も傷つき、苦しむ中で、1973年にアメリカは撤退、75年に北ベトナムがベトナムを統一する形で、戦争は終わります。アメリカの介入・侵略は、ベトナム国内外に被害を拡大し、アメリカ社会を混乱に陥れただけの結果に終わりました。

そして、大国は自ら軍事侵攻するだけでなく、集団的自衛権の名のもとに、同盟国まで侵略戦争に動員してきました。

ベトナム戦争では、米韓相互防衛条約（1953年～）により、大韓民国も集団的自衛権の名のもとに参戦しました。大韓民国は1965年から73年にベトナム戦争にのべ31万人の軍隊を送り、約5000名の戦死者を出しました。大韓民国内には、現在でも、枯葉剤の後遺症に苦しむ元兵士がいます。

暮らしの中の日米安保　**北区立中央公園文化センター**

戦前、東京第一陸軍造兵廠のあったこの地域（東京都北区）は、アジア・太平洋戦争後、アメリカ軍に接収され、1961年からはキャンプ王子と呼ばれていました。ベトナム戦争開戦をうけて、1968年、米陸軍王子病院（王子野戦病院）が開設され、ベトナム戦争の戦傷兵が直接に運び込まれました。当初より地域住民は反対しましたが、脱走兵が相次いだり、アメリカ兵が住民に銃を向ける事件もあり、反対運動は大きくなりました。住民運動は国内のベトナム反戦運動、基地反対闘争とも呼応し、ついに1969年、病院は閉鎖されました。

1971年には米軍から返還され、1976年に北区中央公園として整備されました。現在の中央公園文化センターの建物は、旧東京第一陸軍造兵廠本部で、後にアメリカ陸軍司令部としても使用された建造物です。中央公園には現在、野球場やサイクリングコースもあります。

ベトナム戦争を描いた映画

ベトナム戦争はアメリカ社会に大きな影響を与えました。アメリカの本格的な戦争の敗退は初めてであり、アメリカの多くの人々にショックを与えました。戦費は拡大し、財政悪化をもたらしました。なによりもベトナムでアメリカ兵の多数の死者を出したこと、負傷兵を出したこと、ベトナム人民を大量に虐殺し、傷つけたことが、アメリカの人々を後々まで苦しめることになりました。アメリカ社会を襲ったその痛みと苦悩は様々な劇映画のテーマとして取り上げられています。

アメリカ映画の場合、アメリカ人の視点での作品なので、ベトナム人民に対する蔑視的な描き方が皆無とはいえませんが、戦争の実態を鋭く描いた部分もあります。

自らベトナム帰還兵であるオリバー・ストーン監督は、ベトナム戦争の矛盾を早い段階から描こうとしています。「プラトーン」(オリバー・ストーン監督、アメリカ、1986年)はその一つです。ベトナムの深いジャングルの中でたたかうアメリカ兵たちを描きながら、アメリカ軍の虐殺や暴行、麻薬など、暗部を描き出しました。「7月4日に生まれて」(オリバー・ストーン監督、アメリカ、1989年)はその続編のような作品です。負傷したベトナム帰還兵が、アメリカ国内で絶望の中に生きながら、ベトナム戦争を振り返り、ついにはベトナム反戦運動の主体として立ち上がるものです。アメリカ軍海兵隊員の狂気も表されています。

「カジュアリティーズ」(ブライアン・デ・パルマ監督、アメリカ、1989年)は、ベトナム戦争中に実際に起きた戦争犯罪を題材にしています。1966年のベトナム人少女強姦殺人事件は、アメリカ国内でも大きな問題となりました。しかし、隠蔽(いんぺい)しようとする勢力もあり、この問題が告発されるまでには紆余曲折がありました。兵士の目からそれらを描いています。

敵地への殴りこみ部隊であるアメリカ軍海兵隊の、非人間的な訓練の様子からベトナムの戦場までを描写したのが「フルメタル・ジャケット」(スタンリー・キューブリック監督、アメリカ、1987年)です。殺し殺される軍人たちが、人間性を奪われていく様子が表されています。

「グッドモーニング、ベトナム」(バリー・レヴィンソン監督、アメリカ、1987年)は、兵士の士気高揚のために送り込まれた一人の空軍兵 DJ のラジオが中心の映画です。人種差別やベトナム女性への蔑視、アメリカ軍の情報操作が描かれています。

第13章　安保関連法はなぜ問題なのですか？　その2
――後方支援、米軍防護、PKO任務の拡大

後方支援は戦争の一部

安保関連法の問題はほかにもまだあります。

戦争というと、銃を撃ちあったり、空爆をしたりといった戦闘行為を思い浮かべるでしょう。しかし、戦争は戦闘行為だけで行われるものではありません。戦場までの兵隊の輸送、兵隊の食糧や日常品の調達、戦闘機や戦艦の修理や整備、兵士への医療、等々、「後方支援」があって、ようやく戦争ができるのです。

そして、よく「補給路を断つ」といった言葉があるように、実際の戦

2015年9月6日、後方支援訓練のため、上陸後、小銃を持って補給拠点の構築に向かう陸上自衛隊員。後ろに見えるのは海上自衛隊のエアクッション型揚陸艇LCAC（毎日新聞社提供）

争では「後方」を攻めることで敵を弱体化させるのはよくあります。ですから、前方も後方も一瞬のうちに代わり、明確に分けられるものでもありません。

このように、後方支援は戦争の一部であり、武力行使と一体化したものなので、憲法第９条の「武力の行使は……永久にこれを放棄する」に反します。しかし、今回の安保関連法では、「現に戦闘が行われている現場」以外で行う（これは従来、政府が「戦闘地域」としていた地域でも

「19日」の行動

京都府宇治市・陸上自衛隊大久保駐屯地前で、「宇治・久御山戦争をさせない1000人委員会」などの主催により2016年３月19日に安保関連法の廃止を求める行動が行われました。安保関連法が強行成立させられたのが2015年９月19日だったのでそれを記憶し続け異議申し立てする行動が毎月19日に行われています。同法施行によって、自衛隊員が危険な戦場に派遣されることから、「他国の人を殺すことも、隊員からの一人の戦死者も望まない。戦争法廃止！　殺すな・殺されるな！」と訴えました。リレートーク、パレードの後、1300人の人々が陸上自衛隊大久保駐屯地を包み込むようにヒューマンチェーン（人間の鎖）をしました。

全国各地で、このような運動が安保関連法の成立後も続いています。

可能とされています）から、武力行使にはあたらないとして、限定つきではありますが[※]これを容認しました。他国軍へのロケット弾などの弾薬提供や、発進準備中の航空機への給油・整備をしても、武力行使ではないとしています。こうして、直接の戦闘以外、あらゆる形でアメリカの戦争に加わることが可能となりました。

※重要影響事態：そのまま放置すれば我が国に対する直接の武力攻撃に至るおそれのある事態等我が国の平和及び安全に重要な影響を与える事態。
国際平和共同対処事態：国際社会の平和及び安全に重要な影響を与える事態。

152頁の写真にあるように、後方支援にかかわる訓練がすでに行われています。ちなみに、このとき自衛隊が共同訓練をしたのは、アメリカ海兵隊と海軍でした。エアクッション型揚陸艇「LCAC」の訓練というのは、日本国内でも行われています（134～135頁）。

平時から米軍部隊の防護

自衛隊には自分の武器を守るための武器防護規定があります。安保関連法では、これを拡大して、米軍なども防護できるようにしました。アメリカ軍は空母や戦闘機など、敵を攻める機能を持っていますが、これらも防護対象に含まれます。戦争が行われていない平時においても、防護します。

これにより、アメリカ軍と自衛隊はほぼ一体化するといっていいでしょう。少なくとも自衛隊は、アメリカ軍の敵から見れば完全に敵の一部分となるということです。

PKOの任務拡大とは

安保関連法で、PKO（国連平和維持活動）の任務として、「宿営地の共同防衛」、「安全確保業務」、「駆けつけ警護」が加わりました。これによ

って、これまでのPKO参加５原則（①停戦合意、②受け入れ国の同意、

国連「南スーダンに関する専門家委員会の暫定報告書」から

この報告書の「政府軍と関連武装グループによる2015年４～７月のユニティ州攻撃」には次のように書かれています。

「恐るべき人権侵害。本委員会は、政府軍がいわゆる『焦土作戦』をユニティ州全域で実行したことを知った。政府の同盟軍は、村々を破壊し続けた。人が中にいる家屋に火をつけ、家畜その他の金品を略奪し、学校や病院など主要なインフラを襲撃し破壊した。さらに、彼らは民間人を無差別に殺害し、殴打し、拷問にかけた。……子どもたちは特に被害を受けた。……多くの子どもが殺され、７歳の子どもたちを含めレイプされ、拉致あるいは（少年兵として）州内での戦闘を強制された。……本委員会は、少女たちがしばしば両親や地域の人々の前でレイプされ、その後、生きたまま家ごと焼かれた、との証言を聞いた」。

21世紀に入って創設され、現在活動中の国連PKOが展開しているアフリカの国・地域

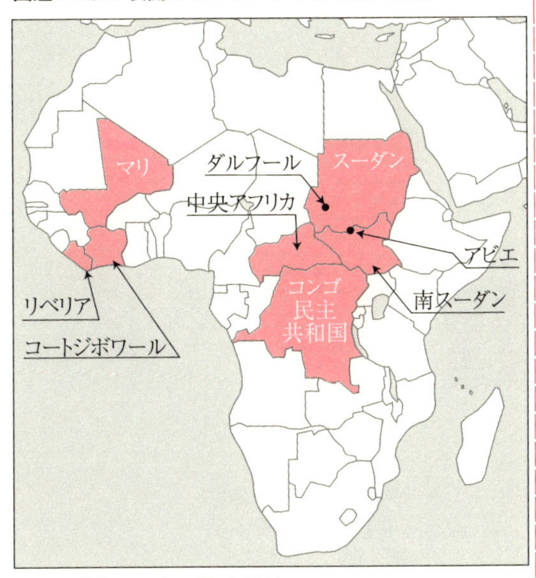

しんぶん赤旗 2016年２月５日付より

③中立性、④基本合意が崩れた場合の撤退、⑤武器使用は自己防衛に限る）の「武器使用は自己防衛に限る」が、変更になりました。

安全確保業務とは、住民に危害が及ぶことを防ぐための監視、巡回、検問などです。妨害する行為があった場合、自衛隊が武器を使えるようになりました。駆けつけ警護とは、PKO に参加している他国部隊やNGO などが武装勢力に攻撃された際、自衛隊がその現場まで駆けつけ、武器を使って守るという任務です。当然、武装勢力と戦闘を行うということを意味しますから、自衛隊がそこで「殺し・殺される」可能性が格段に高くなるのです。

南スーダンの PKO

安保関連法の四つの大きな問題点のうち、一番はじめに適用が懸念されているのが、PKO の安全確保業務、駆けつけ警護、宿営地の共同防衛などの任務拡大です。現在、アフリカの南スーダンに PKO（UNMISS）が派遣されていて、安倍政権は、ここでの活動に新しい任務を加えました（2016年11月）。

駆けつけ警護のイメージ

NGO や他国軍
武装集団
救援
自衛隊

東京新聞 2016 年 2 月 5 日付の図を参考に作成

南スーダンは、2011年、住民投票の結果、スーダンから分離独立した新しい国です。国連は独立した2011年より国際連合平和維持活動（PKO）として、国際連合南スーダン派遣団（UNMISS）を派遣し、首都ジュバに司令部が置かれました。日本はこの PKO

に自衛隊を派遣しています。しかし、独立当初より、スーダンと南スーダンとの間には国境紛争が絶えません。さらに、南スーダン国内で、2013年より大統領派と元副大統領派との間で内戦が起こりました。この内戦では、反政府軍だけでなく、政府軍による残虐行為が多発し、国内の避難民は160万人、国外には100万人以上といわれています。こうした中で、PKO の主任務は「平和構築」から2014年５月に「住民保護」へと切り替わりました。武力行使も認められ、PKO の重武装化がすすんでいます。

内戦勃発の際には、PKO 内の自衛隊宿営地にも小銃弾が着弾し、撤退を検討していたといわれています。2016年２月現在で UNMISS では36人の死者を出しています。PKO 参加５原則の「停戦合意」「基本合意が崩れた場合の撤退」という原則は完全に崩れています（2016年７月に勃発した武力衝突でも住民を含む300人以上が犠牲となっています）。すでに安保関連法施行以前から自衛隊は戦場に行かされているのです。

任務拡大が適用されたら、自衛隊はいっそう危険な状況に置かれます。また武装勢力は住民に紛れて行動することが多く、自衛隊員が非戦闘員の住民を誤射する可能性もあります。南スーダンではのべ1万5000人以上の子ども兵が徴用され、彼らも武装勢力です。自衛隊員が少年兵を撃つような事態になれば、現地住民からの憎悪が向けられ、さらに混乱するでしょう。

PKO 等協力法ができた頃

そもそも日本の自衛隊は「専守防衛」で、攻められたときに自衛するために置かれています。その自衛隊が海外派遣されるようになったきっかけは国連 PKO でした。

1990年８月２日、イラク軍がクウェートに侵攻しました。国連安全

自衛隊のPKO参加

時期	派遣先国	内容
1992-93	カンボジア	停戦監視要員16人、施設部隊1200人
1993-95	モザンビーク	司令部要員10人、輸送調整部隊144人
1996-2013	シリア・ゴラン高原	司令部要員38人、輸送部隊1463人
2002-04	東チモール	司令部要員17人、施設部隊2287人
2007-11	ネパール	軍事監視要員24人
2008-11	スーダン	司令部要員12人
2010-13	ハイチ	司令部要員12人、施設部隊2184人
2010-12	東チモール	軍事連絡要員8人
2011-	南スーダン	司令部要員15人、施設部隊1594人、現地支援調整所92人

保障理事会は、イラク非難の決議を採択、クウェートからの撤退を求めました。しかし、これが実行されなかったことを理由にアメリカは1991年１月17日、多国籍軍を組織してイラクを攻めました。10万人以上のイラク市民が犠牲になったといわれます（湾岸戦争）。

このときアメリカは、自衛隊の多国籍軍参加を求めました。自民党・海部内閣は、自衛隊派兵の法案を提出しましたが、海外派兵反対の人々の運動に抗しきれず廃案となりました。資金援助をすることと、戦争後の機雷除去のためという理由で自衛隊掃海艇のペルシャ湾派遣を閣議決定で強行することしかできなかったのです。

しかし、海部内閣は、その後も「国連平和維持活動等に対する協力に関する法案」（PKO 等協力法案）を提出し、次の宮沢内閣の1992年６月、これが成立させられました。武力行使を行わないので海外派兵にはあたらない、と強弁したのです。それでも、このときも派兵反対の世論は大きく、様々な歯止めがかけられました。PKO 参加５原則はその一つです。そのときの５原則の一つ「武器使用は自己防衛に限る」が、2015年の安保関連法で変更させられたのです。

PKOの変容

日本がPKO等協力法にもとづいて初めて自衛隊を派遣したのは1992年9月でした。これ以降、自衛隊は八つの地域のPKOに参加しています。

しかし、その途中で、国連PKO自体が変容しています。1994年のアフリカ・ルワンダでの大虐殺がきっかけでした。ある国で重大な人権侵害が起こったとき、その国の政府が何もしない、または加害側に立つ場合には、国連は武力行使をしてでも住民を保護すべきという考えが起こります。このころから次第に、PKOの主要任務が停戦監視ではなくなってきました。国連自身が「交戦主体」として「住民保護」のため武力行使を行う形へと変わっていったのです。

アフリカの紛争を学ぶ映画

南スーダンをはじめ、アフリカ諸国などの発展途上国で紛争が絶えない地域があります。これには共通する要因があります。

これらの地域は、長く欧米諸国の植民地支配のもとに置かれていました。支配国（宗主国）は自分たちの商工業発展や貿易発展のために、鉱山資源や少数の農産物の原料供給地として植民地を利用しました。それによって経済構造が破壊され、単一産品に依存する経済を強いられました（モノカルチャー経済）。独立後も、鉱山資源やココア、コーヒー、ピーナツ、バニラ、綿花などの特定産品に頼る経済から抜け出せず、市場の動向に左右され、旧支配国に依存する状況が続きました。貧困問題から長く抜け出せない要因はここにあります。貧困が続くと、治安の安定が遅れます。教育資本・文化資本を充実させることもできず、教育が行き届かないことで、平和的な文化環境を築くことができない地域もあります。

そのうえ、欧米諸国が勝手に国境線を引いたり、統治をしやすくするために、現地の人々を部族、宗教などで分断し、お互いを争わせたりしたので（分断統治）、その禍根も残っています。

欧米諸国も、植民地支配の反省もあって、これらの国々に支援する動きもあります。しかしそれが十分ではないので、紛争となって表れているのです。

1994年、ルワンダでは、フツ族がツチ族など約100万人を虐殺する事件が起こりました。「ホテル・ルワンダ」（テリー・ジョージ監督、イギリス・イタリア・南アフリカ共和国合作。2004年）は、難民をかくまったホテルマンの視点でこの虐殺を描いた作品です。「ルワンダの涙」（マイケル・ケイトン＝ジョーンズ監督、イギリス・ドイツ、2005年）も同様にこの虐殺をテーマにしています。国連PKOが登場します。

紛争が続く各地では、少年兵が使われることもあります。幼い子どもを半ば強制的に、あるいは拉致して軍に入れ、十分な教育を行わずに、逆に敵対者への憎悪と戦闘技術を教え込むのです（2016年現在、自衛隊がPKOとして派遣されている南スーダンにも大量の少年兵がいます)。「ジョニー・マッド・ドッグ」（ジャン＝ステファーヌ・ソヴェール監督、フランス、2008年）は、その少年兵の、ある意味で「狂気」の状態を描いたものです。

「約束の旅路」（ラデュ・ミヘイレアニュ監督、フランス、2005年）は、スーダンの難民キャンプが初めの舞台です。難民の暮らしと干魃（かんばつ）の危険が描かれながら、アフリカに生きるユダヤ人のことにもふれています。湾岸戦争時の中東も舞台の一つです。

「ブラッド・ダイヤモンド」（エドワード・ズウィック監督、アメリカ、2006年）は、娯楽的要素も強いサスペンス映画ですが、題材はアフリカのシエラレオネ共和国での内戦（1991年～2002年）についてです。「ブラッド・ダイヤモンド」とは、紛争の資金調達のため不法に取引されるダイヤモンドのことです。ここにも少年兵が登場します。

第14章　立憲主義の重さを考える

立憲主義とは何か

安倍内閣が安保関連法を成立させた際、それが立憲主義の破壊である、という批判も強まっていました。立憲主義とは何でしょうか。

立憲主義とは、「国家権力は憲法の枠内で政治を行う。憲法という枠は絶対に守らなければならない」という考え方です。憲法によって、国家権力の行使がしばられるのです。政治家が好き勝手な政治を行うようになると独裁となり、たとえば国民の権利が奪われます。それを防ぐために、憲法で権力をしばる考え方といっていいでしょう。憲法によって、国民の権利の保障や憲法の諸価値の実現を、国民が国家に命じているのです。具体的に日本国憲法には第99条にこのことが書かれています。

第99条　天皇又は摂政及び国務大臣、国会議員、裁判官その他の公務員は、この憲法を尊重し擁護する義務を負ふ。

大学生に「憲法を守る義務のある人はだれ？」と聞くと、たいてい「国民」と答えが返ってきます。憲法前文は日本国民がという主語で始まるので、「国民」という答えが全くの見当はずれとはいえません。しかし、憲法はそもそも“権力者や権力を持つ可能性のある者が守るもの”です。そして、それによって憲法的諸価値が剥奪されることを防ぎます。第99条にある天皇から公務員まで、これらは権力を持つ可能性のある人たちです。彼らが権力を使って国民の権利などを奪わないように、彼らに憲法を守らせる。これが立憲主義という考え方です。

日本国憲法の中には、平和主義・国民主権・基本的人権の尊重といった価値が規定されています。日本ではこうした諸原則にもとづいて政治を運営しなければならない、というのが、立憲主義ということです。

安倍内閣は立憲主義をどう破壊しているのか

憲法によって権力をしばられているのですから、彼らが自分で憲法の解釈を勝手に変えたりしてはいけません。第12章で述べたとおり、政府は憲法第９条の解釈として、個別的自衛権は認められるが集団的自衛権は認められない、とずっといい続けてきました。憲法を守らなければいけない立場として、この憲法解釈を守ってきたのです。

しかし2014年、安倍内閣は、集団的自衛権も認められる、と勝手に

石手寺

石手寺（愛媛県松山市）は真言宗の寺院で、国宝や重要文化財も多く、観光客でにぎわいます。四国八十八箇所霊場の第五十一番札所でもあります。そこに、「集団的自衛権不用」の看板が正面をはじめ、いくつも掲げられています。住職は「安保法制法案に反対する愛媛の学者・文化人の会」の呼びかけ人です。住職はアジア・太平洋戦争に関する各地を訪れ、追悼の祈りも続けています。

住職が訪れた戦地名が刻まれている（写真下）

解釈を変更しました。勝手な解釈をしたうえで、安保関連法をつくりました。憲法は実はこのようにも読める、あのようにも読める、と好き放題に解釈を変えていったら、憲法によってしばられていることにはなりません。それゆえ、安倍内閣は立憲主義を破壊している、そのように批判されているのです。

憲法音頭のレコード盤

1946年11月3日に公布された日本国憲法は当時の人々に圧倒的な支持を受け、歓迎されました。人々が平和を求めていたからです。当時の政府も、国民主権、民主主義が根付くよう、憲法の普及に取り組みました。政府の後押しを受けて憲法普及会がつくられ、「憲法音頭」という歌も作成されました（作詞・サトウハチロー、作曲・中山晋平）。

憲法施行翌日の1947年5月4日には東京の後楽園で憲法音頭大会があり、1万5000人が参加したといわれます。憲法音頭のレコードが長野県中野市の中山晋平記念館（下）に保存されています。

多数派が誤りをおかすことはある

次のような反論があるかもしれません。そのときの国民が選挙で選んだ多数派が、国会で法律をつくる、あるいは多数派が内閣を組閣して政治を行う。ならば、たとえそれが憲法に反していようとも、その法律が、その政治が、民意で、民主主義ではないかと。

実はそうやって国民が過ちを犯すことがある、という歴史をふまえて、立憲主義の考え方を重視するようになったのです。第二次世界大戦前、ヒトラーのナチスは合法的に政権につきました。国民が熱狂してナチスを迎えたのです。しかし、そのナチスが国民を弾圧し、ユダヤ人などの虐殺、そして侵略戦争を繰り返していきました。明らかに民意が間違った選択をしてしまったのです。

時の政権が多数派であることを頼みに、憲法違反をすることも考えられる。違憲の法律をつくる可能性もある——だから、立憲主義を守るためにも憲法には次の条文があります。最高裁がそれに歯止めをかけるシステムです。

第81条　最高裁判所は、一切の法律、命令、規則又は処分が憲法に適合するかしないかを決定する権限を有する終審裁判所である。

このように立憲主義を守るということは、時に民主主義の原則と緊張関係をも持つ、重い側面があります。そして、安倍内閣はたまたま与党が国会で多数派をとっていることを利用して、憲法解釈を勝手に変え、安保関連法をつくりました。立憲主義の重さを考えた時、このやり方への批判は当然だったといっていいでしょう。

第15章 壊れていく兵士たち

PTSDに苦しむアメリカ兵

「……あらゆる兵士たち（中略）は、元気な者ですら、程度の差はあれ、どこか壊れて帰ってきた。（中略）

『助けがどうしても必要だ』二年間、寝汗とパニックの発作に苦しんだ兵士はこう言う。

『ひっきりなしに悪夢を見るし、怒りが爆発する。外に出るたびに、そこにいる全員が何をしているのか気になって仕方がない』と別の兵士は言う。

『気が滅入ってどうしようもない。歯が抜け落ちる夢を見る』と言う者もいる。

『家で襲撃を受けるんだ』別の兵士が言う。『家でくつろいでいると、イラク人が襲撃してくる。そういう風に現れる。不気味な夢だよ』

『二年以上も経つのに、まだ夫はわたしを殴ってる』ある兵士の妻が言う。『髪が抜け落ちたわ。顔には噛まれた傷がある。（中略）』

いたって体調がよさそうに見える兵士は、『妻が言うには、ぼくは毎晩寝ているときに悲鳴をあげているそうだ』といったあとで困ったように笑い、『でも、それ以外は何の問題もない』と言う。しかしほかの兵士たちと同じように、途方に暮れているように見える。

『あの日々のことを、死んでいった仲間のことを考えない日は一日たりともない』とある兵士は言う。……」（デイヴィッド・フィンケル『帰還兵はなぜ自殺するのか』亜紀書房、2015年、17～18頁）

アメリカで深刻な社会問題になっているのは、イラク戦争やアフガニスタン戦争（第11章）から帰還したアメリカ兵の精神疾患です。退役軍人でつくる団体「全米イラク・アフガニスタン帰還兵」のアンケート調査（2015年発表）によると、約280万人の帰還兵の53％が心的外傷後ストレス障害（PTSD）などで苦しんでいるといいます。自殺まで考えたことがある帰還兵は31％にのぼるそうです。

なぜ、彼らは苦しむのでしょうか。

それは、戦争が人間の精神を破壊するからです。人間が人間を攻撃する、殺傷する、自分が攻撃されて死の恐怖と隣りあわせになる、これらの行為が人間性を破壊するのです。

ある帰還兵の場合

アレン・ネルソンさんはアメリカ人です。アメリカ軍海兵隊員としてベトナム戦争の前線で戦いました。帰還後にPTSDに苦しめられますが、長期間の治療でそれをかなり克服し、日米で講演活動をしました。2009年、61歳でがんのために死去。ベトナム戦争中に浴びた枯葉剤の影響ともいわれています。

ネルソンさんは、日本国憲法について次のような言葉を残しています。

　この九条があるために、第二次世界大戦後、日本人は外国に出かけていって人を殺さずにすみました。私のような苦しみを体験しないですんだのです。九条は、日本の子どもたち、日本人たちを救ってきましたし、外国の人々も救ってきました。……日本の憲法九条は生命を救ってきたのです。非常に強

い力を持った憲法だと思います。それは未来的な条項だといえるでしょう。たとえばこれから一〇〇年後、すべての国が、日本の九条のような内容を憲法に取り入れていると、私は考えています。そうでなければ、人類は生き残ることができないでしょうから。(『戦場で心が壊れて』新日本出版社、2006年、114～115頁)

兵士はなぜ心を病むのか

人間が本来持っている攻撃的な遺伝子はきわめて弱いものだといわれています(若原正己『ヒトはなぜ争うのか』新日本出版社、2016年)。戦場で戦うためには、その、本来弱い攻撃性を、異常に拡大させなければいけません。洗脳や教育によって攻撃性を高めることで、無理が生じるわけです。人間性の破壊が最も進行するのは戦場でしょう。

しかし、それはそれ以前から、つまり訓練から始まります。死と隣りあわせの状態で人を殺傷する、その練習を強いられるので、ここから壊れ始めるのです。彼らもまた「恐怖」の中に置かれているといってよいでしょう。戦争を違法化する思想の正当性はここにもあります。

暴力を最優先にする軍隊内は、人権が抑圧される空間でもあります。上官への服従が様々な場で強いられます。一般に自らの人権が奪われているとき、人間は他者の人権を守ることはできにくくなります。

米軍基地の周辺でアメリカ兵による凶悪事件が多いのは、このことと無関係ではありません。人間性が破壊され、それが自分の内面に向かえば心を病みます。外に向かえば他者への暴力や人権侵害となるわけです。しかもアメリカ兵は、犯罪をしても、日米地位協定などにより日本側の起訴・捜査が制約されています。裁きが少ない状態で、他者への暴力が野放しにされ、人間性を取り戻すチャンスも弱められている状態です(61頁)。

心を病む自衛隊員

心を病むのはアメリカ兵だけではありません。自衛隊員も同じです。

テロ特措法（131頁）にもとづくアフガニスタン戦争に派遣された隊員では、海上自衛隊員24人が自殺しています。イラク特措法（133頁）にもとづいて戦争に派遣された自衛隊員については、陸上自衛隊員の21人、航空自衛隊員の８人、計29人が在職中に自ら命を絶っていたことが明らかになっています（2015年６月国会での答弁より）。これは一般の国家公務員よりも高い割合です。そして、この数値は自殺者数だけで、この背後には死に至らないまでも多くの隊員がPTSDに陥っている事態があることも考えられます。

宿営地の近くで砲弾が飛び交っている恐怖、そして、特にイラクの場合は、自分たちの仕事が現地の市民を苦境に陥れているのではないかという不安もあります。それらの恐怖や不安で精神疾患に陥ったのでしょう。

海上自衛隊・呉基地で

戦前、呉は日本海軍最大の基地でした。戦艦大和を造船したのはこの地にあった呉海軍工廠です。呉港のすぐ近くには2005年開館の

呉基地（広島県呉市）

呉市海事歴史科学館（大和ミュージアム）があります。戦争が造船・鉄鋼などの科学技術を発展させ、地域の振興に役立ったかのような展示に、多くの歴史学研究者から疑問の声が寄せられています。

1954年、海上自衛隊呉地方隊の創設とともに、呉基地は再び軍事的に重要視される街となりました。2013年、この呉基地に停泊中の潜水艦「そうりゅう」で、海上自衛隊員が拳銃自殺を図りました。一命はとりとめましたが、寝たきりの状態が続いています。2016年にこの隊員の両親が起こした訴訟によると、「上官による殴る蹴るなどのいじめによってうつ病を発症していたのに、適切な措置が取られなかった結果の自殺未遂だった」といいます。

自衛隊での人権侵害事件

自衛隊内では、いじめを苦にした自殺などの事件、人権を侵害する事件が頻発しています。

◎護衛艦「さわぎり」いじめ自殺事件訴訟……1999年11月、佐世保基地・護衛艦「さわぎり」内で自衛隊員が自殺。両親が提訴し、高裁では、上司らのいじめによりうつ病となって自殺した、と認められた。

◎護衛艦「たちかぜ」いじめ自殺事件訴訟……2004年10月、横須賀基地・護衛艦「たちかぜ」の自衛隊員が、鉄道に飛び込み自殺。遺書から、隊内のいじめが原因と発覚、いじめをした元上司は懲役２年６月執行猶予４年の判決を受ける。

◎女性自衛官人権訴訟……2006年９月、北海道航空自衛隊女性自衛官が、酒を飲まされ、暴行・強制わいせつを受ける。後日、上司に相談するが逆に退職を迫られる。これらの結果、体調を崩し、損害賠償請求を提訴。札幌地裁は580万円の損害支払いを命令。

ほかにも、格闘訓練中の死亡事故が2006年に北海道真駒内で、2008年には広島県江田島で起きていて、訓練を隠れみのにした暴行が常態化しているのではないかという疑念もあります。これらの事態を受けて、防衛省では2014年、「防衛省におけるいじめ等の防止に関する検討委員会」を始めています。自衛隊の存在は憲法違反ですが、だからといって、いま現在、自衛隊員が苦しんでいる人権侵害を見逃すことはできません。彼らも「平和のうちに生存する権利」を侵害されています。徹底した調査と改善が求められます。

しかし、それが根本的な解決にならないのも事実です。自衛隊は災害派遣などで活躍する面もある一方、基本的性格は軍事行動をする組織であり、その点では軍隊と変わりありません。そこには人間性を破壊する要素があり、だから人権侵害の事件が多発するのです。

政府はこの「暴力装置」としての自衛隊を保持し続けようとしています。昨今の日本では、「経済的徴兵制」と呼ばれるような、貧困から逃れるために若者が自衛隊に入隊せざるをえない状況も増えています。ならば、個人の人権の観点から、国民的な合意のもとに、自衛隊を解散し、他者を殺傷する任務を解くこと、根本的な解決策はそれしかありません。

航空自衛隊浜松広報館（エアーパーク）

静岡県浜松市にある航空自衛隊の入場無料の宣伝施設です。戦闘機や装備品が置かれ、シアターなども見ることができます。航空自衛隊浜松基地の一角にあります。浜松基地では、2005年、自衛隊員が先輩隊員からのいじめを受けて自殺した事件がありました。家族の提訴により事実が明らかになり、静岡地裁の判決では国による約8000万円の損害賠償支払いを命じました。

陸上自衛隊広報センター（りっくんらんど）

東京都練馬区にある陸上自衛隊の入場無料の宣伝施設です。装備や歴史について展示・解説しています。これは陸上自衛隊朝霞駐屯地の一角にあります。

朝霞駐屯地内では2007年11月、この春に入隊したばかりの自衛隊員が自殺。この隊員には上官による暴行があり、上官は暴行罪・罰金刑となりました。後に両親が提訴し、自衛隊側の謝罪と和解金などで和解しています。

第16章　戦争を望む人はいるのですか？
――戦争と財界・学界の関係

財界と軍事

アジア・太平洋戦争後、日本は軍を解体しました。ポツダム宣言を受諾し、武装解除、軍国主義の除去を約束したので、武器の生産もGHQによって禁止されていました。その後、日本国憲法は「武力による威嚇又は武力の行使」を放棄し、「陸海空軍その他の戦力」も保持しないことにしました。「平和を愛する諸国民の公正と信義に信頼して、われらの安全と生存を保持しようと決意した」ので、武力も戦力も不要なのです。

ところが、朝鮮戦争（1950年～）が始まると、GHQは武器生産禁止を緩和し、砲弾・ロケット弾・小銃弾などの武器製造が行われるようになりました。日本から朝鮮半島に向かった駐留軍（アメリカ軍・イギリス軍など）が使うものです。日本国内の軍需産業は復活しはじめ、日本の財界はこの軍需生産で一気に潤いました。朝鮮特需といいます。

朝鮮戦争休戦後も、日本の財界は軍需生産のための市場を確保し続けようとしました。アメリカもこれを積極的に後押しします。軍需生産に関する日本の生産力、科学・技術、研究に期待するようになるのです。

1954年に自衛隊が発足し、日米間でMSA協定（日本国とアメリカ合衆国との間の相互防衛援助協定）が結ばれました。第８条には日本の財界、アメリカの要求が表れています。

「……自国の防衛力及び自由世界の防衛力の発展及び維持に寄与し、自国の防衛能力の増強に必要となることがあるすべての合理的な措置を執り、且つ、アメリカ合衆国政府が提供するすべての援助の効果的な利用を確保するための適当な措置を執る」。

こうして、自衛隊の軍備増強、武器の国産化を財界は要望し続けます。自衛隊のみならず、ビルマ・南ベトナム・インドネシア・タイなどに銃弾やピストルが輸出され、さらなる海外への市場拡大を狙っていました。

しかし、財界とアメリカの推しすすめる武器の生産、輸出は、彼らが思うようには進展しませんでした。憲法の平和主義に反することは許さないとする人々のたたかいがあったからです。

武器輸出三原則

1967年、東京大学で開発されたペンシルロケットがインドネシアやユーゴスラビアに輸出され、それが武器に転用される恐れがあると国会でとりあげられました。これをきっかけに、武器輸出の是非が国会で議論になります。平和を求める声の高まりに、当時の佐藤栄作首相は、①

航空自衛隊の車力分屯基地

現在は青森県つがる市、以前は旧車力村（しゃりきむら）でした。ここではかつてミサイル試射場設置に大きな反対運動がありました。現在、すぐ近くにアメリカ軍車力通信所があり、Xバンドレーダー（TPY-2レーダー）が配備されています（2006年）。弾道ミサイルを探知するために、経ヶ岬（京都府、111頁）と車力の2か所にアメリカ軍はレーダーを配備し、日米両国で緊密な情報交換と連携を図っていると防衛省はいいます。

共産国、②国連決議により武器輸出が禁止されている国、③国際紛争当事国またはそのおそれのある国に対しては武器輸出を認めない、という３つの原則を明らかにしました。この原則はさらに強化されます。1976年、武器輸出三原則以外の地域へも武器輸出を慎むこととし、武器製造関連設備についても同様のものとしました。事実上、武器と武器技術の全面的な輸出禁止措置がとられることとなったのです。

武器も武器技術も輸出しないことで、国際紛争等の助長を回避できます。全世界の国民の平和的生存権を確認する日本が、最低限、守るべきことでしょう。しかし、この後、武器輸出三原則を緩和・撤廃させようと、日米の軍需産業は圧力をかけ続けました。

1983年にはアメリカへの武器技術供与が可能になりました（中曽根政権）。2003年には「弾道ミサイル防衛システム」導入を閣議決定し、日米で「共同研究」されているミサイルを、共同で「開発・生産」するようになりました（小泉政権）。

「死の商人」を支援する安倍政権

武器輸出三原則を守り、平和主義を堅持すべきとする人々は声を上げ続けましたが、2014年４月、安倍政権はついにこの武器輸出三原則を撤廃しました。現在は、紛争当事国にも武器輸出ができます。それどころか、日米で共同開発したＦ35戦闘機や「ミサイル防衛」装備などの武器について、アメリカは、日本の同意なく売ることもできます。日本製の武器で、他国の人々が殺されているのです。

さらに、安倍政権は「防衛産業の国際競争力強化」を政策に掲げました（防衛省「防衛生産・技術基盤戦略」2014年）。2015年には防衛装備庁を新たに発足させています。武器の輸出や国際的な共同開発・生産、国内の軍需産業を育成、強化しながら、米国など他国との軍事協力を深める方針です。人殺しを手伝う国づくり、「死の商人」を支援する国づくりをすすめています。

日本が憲法の平和主義を自ら投げ捨てる行為、アメリカに日本国憲法を蹂躙（じゅうりん）されている事態が進行しています。

軍事大国としての日本

日米の軍需産業の支援を受け、自衛隊の軍事力は強大なものへと変化しつつあります。178頁の表でわかるとおり、世界的に見ると量的に大きな存在であることがわかります。防衛予算は年々増え続けてきました（179頁の図）。

陸上戦力は、兵力において世界で第20位以下です。それでも、フランス・イタリア・イギリス・ドイツよりも多い兵力を有しています。航空戦力は、一般に作戦機の機数で比較しますが、世界で第13位前後です。やはりイギリス・イタリア・ドイツよりも多いです。海上戦力は、一般に艦艇の保有量（総トン数）で比較されますが、第６位です。もっとも、総トン数では世界上位でも、上位の海軍とは違い攻撃型空母がなく、また原子力潜水艦も持っていません。これは日本国憲法第９条によって他国を攻撃する戦力が許されていないからです。敵地への殴りこみ部隊である海兵隊もありません。

ところが、最近、二つの変化があります。一つは、ヘリコプター搭載護衛艦が大型化し、空母化していることです。周辺諸国は日本のヘリ空母の保有を脅威に感じています。もう一つは遠距離進出（海外派遣）能力の向上のために大型化がすすんでいることです。

ドローンと宇宙軍拡

「06年10月30日、精密誘導ミサイルが神学校を爆破しました。場所

主要国戦力ランキング（2012 年）

陸上戦力			海上戦力					航空戦力		
	国名	万人		国名	万トン	隻数	備考		国名	作戦機数
1	中国※	160	1	米国※	636.2	961	空母11 潜71（原潜71）	1	米国※	3,522*
2	インド※	113	2	ロシア※	204.0	979	空母1 潜62（原潜45）	2	中国※	2,579*
3	北朝鮮	102	3	中国※	146.9	965	空母1 潜65（原潜9）	3	ロシア※	1,631*
4	米国※	60	4	イギリス※	67.9	222	空母1 潜11（原潜11）	4	インド※	930
5	パキスタン	55	5	インド※	45.6	195	空母1 潜15	5	韓国※	620*
6	韓国※	52	6	日本※	45.2	141	〔ヘリ空母2〕潜18	6	エジプト	608
7	ベトナム	41	7	フランス※	41.5	257	空母1 潜10（原潜10）	7	北朝鮮	603
8	トルコ	40	8	インドネシア	26.6	169	潜2	8	台湾	513*
9	ミャンマー	38	9	トルコ	23.1	224	潜12	9	イスラエル	484
10	イラン	35	10	スペイン	22.7	124	空母1 潜4	10	フランス※	482*
11	エジプト	31	11	台湾	21.7	356	潜4	11	パキスタン	444*
12	インドネシア	30	12	イタリア※	20.9	181	空母2 潜6	12	トルコ	423
13	ロシア※	29	13	ドイツ※	20.8	126	潜4	13	日本※	410* [630*]
14	タイ	25	14	韓国※	19.3	193	潜23	14	リビア	400
15	イラク	24	15	ブラジル	17.6	106	空母1 潜5	15	ブラジル	390
15	コロンビア	24	16	オーストラリア	16.6	79	潜6	16	シリア	365
	台湾	20		イラン	14.2	300	潜29		イラン	354
	日本※	14[15.1]		北朝鮮	10.7	772	潜72		イギリス※	330*
	イスラエル	13.3							サウジ※	270
	フランス※	12.8							イタリア※	250*
	イタリア※	10.6							ドイツ※	231*
	イギリス※	9.7								
	サウジ※	7.5								
	ドイツ※	7								

注：a：国名の※印は、年間 200 億ドル以上の軍事費を支出している国。b：作戦機の＊印は、空軍・海軍・海兵隊などの作戦機数を含んでいることを示す。自衛隊は航空自衛隊と海上自衛隊の作戦機（輸送機を除く）の合計機数。【表２】の数字とは、輸送機を含まないので一致しない。c：海上兵力の備考欄の「潜」は潜水艦、（　）内は原子力潜水艦の隻数を示す。日本のトン数は主要艦艇の総トン数で、【表２】の数字とは、支援船艇を含まないので一致しない。d：正確な序列は、陸上兵力は 15 位、海上兵力と航空兵力は 16 位まで。

出典：朝雲新聞社編『防衛ハンドブック　平成 26 年版』（朝雲新聞社、2014 年）539-543 頁より作成。日本の〔　〕内の数値は、IISS, Military Balance 2013 (Routledge, 2013) 所収のもの。

山田朗「戦争ができる国家への道―日本の軍事力」『軍事立国への野望』かもがわ出版、2015 年、65 頁を参考に作成

防衛費（当初予算）の推移

朝日新聞2015年12月20日付より

はパキスタンのパジャール部族特区。ミサイルを発射したのは米国の指揮下にある無人航空機（ドローン）とみられます。最大80人が即死。……死者のうち69人は18歳以下の子どもであり、うち、16人は13歳以下でした。目撃者によれば、犠牲者の大多数は神学校の生徒でした。戦闘と関係ない民間人だったのです。」（しんぶん赤旗2016年２月10日付）

ドローンと呼ばれる無人機攻撃は、一説には９割もの別人が攻撃されているともいわれます。誤爆しているのです。しかし、アメリカ軍は人工衛星を介して無人機やミサイルを操り、「標的」とした人物を殺害する「ドローン戦争」を増加させています。イギリスの NPO 団体の調査では、2002年以降、1000回以上も行われているといわれます。

2015年、安倍内閣は「宇宙基本計画」を決定しました。測位衛星の７機体制の確立、情報収集衛星（軍事スパイ衛星）の機数増、自衛隊の衛星通信網の整備などが計画されています。測位衛星というのは、アメリカの全地球測位システム（ＧＰＳ）を補完して敵の位置を明確にし、

あしがら（海上自衛隊あたご型護衛艦、長崎県佐世保市）

イージス艦あしがら（写真）は、三菱重工業長崎造船所で造船されました。防衛省は、他国からの弾道ミサイルに対して、イージス艦による迎撃とペトリオットPAC-3による迎撃を構想しています（下の図）。ペトリオットPAC-3は、長沼分屯基地や車力分屯基地などに配備されています。イージス艦には、この「あしがら」などの護衛艦に2017年までに迎撃ミサイルを配備完了予定。日米での共同開発がすすめられています。

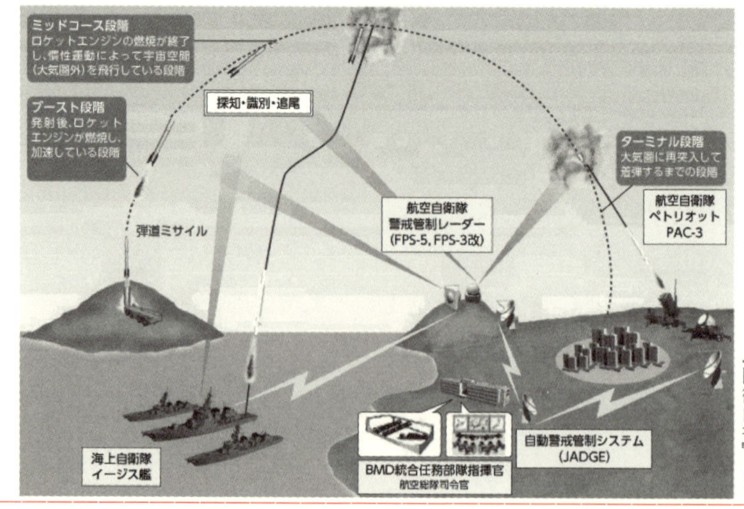

『防衛白書』より

ドローン戦争を支えるものです。この宇宙基本計画は、アメリカの宇宙軍事戦略を補強し、宇宙軍拡をすすめるものとなっています。2016年度予算は情報収集衛星（軍事スパイ衛星）に619億円（15年度比５億円増）、準天頂衛星（測位できる衛星）に142億円（同１億円減）、いずれの衛星とも三菱電機が開発を担っています。

もともと宇宙開発は、人工衛星やロケット開発を行うために、「平和の目的に限り」宇宙を利用するものでした（宇宙開発事業団法第１条、1969年）。この精神が根本から覆されたのは、宇宙基本法の制定（2008年）です。宇宙開発利用の目的が「我が国の安全保障に資する」と盛り込まれたのです。これは明らかに平和主義に反するものです。

内閣衛星情報センター北浦副センター

内閣情報調査室の内閣衛星情報センターは、情報収集衛星（軍事スパイ衛星）を運用しています。衛星が取得した情報は特定秘密とされ、非公開です。衛星から送信された情報は茨城県行方市の北浦副センター（茨城県行方市）、北海道苫小牧市の北受信管制局、鹿児島県阿久根市の南受信管制局で受信され、解析されます。三菱電機、三菱重工などが、衛星の開発や打ち上げに関わっています。

大学にしのびよる軍事研究

宇宙開発まですすむ軍事研究は、その高度な科学・技術の必要性から、大学の学問研究まで侵食するようになりました。防衛装備庁が2015年、軍事に関する研究の初の公募（安全保障技術研究推進制度）をし、大学等が58件、公的研究機関22件、企業等29件、合計109件が採択されたのです。公募要項によると、「将来の装備品に適用できる可能性のある基礎技術」を研究することになります。

大学は学問研究、すなわち、真理を探求する場です。真理の探究とは、何が正しいかを考えることであり、それは社会を発展させるため、人類の幸福を増進させるために行われるものです。つまり学問研究とは、本来、軍事研究とは対極の営みであり、それゆえ、日本学術会議は1950

ヘリ空母「いずも」

いずもは、海上自衛隊ヘリコプター搭載護衛艦です（神奈川県横須賀市）。ジャパンマリンユナイテッド横浜事業所磯子工場で建造されました。ジャパンマリンユナイテッドは、アイ・エイチ・アイマリンユナイテッド（石川島播磨重工業と住友重機械工業が合併）とユニバーサル造船（日本鋼管と日立造船が合併）が合併した会社です。いずもは2016年現在、最大の護衛艦です。ヘリコプターを14機搭載することができ、ヘリ空母ともいえます。

年に、次のような「戦争のための科学に従わない声明」を出しました。

> 日本学術会議は、一九四九年一月、その創立にあたって、これまでの日本の科学者がとりきたった態度について強く反省するとともに、科学を文化国家、世界平和の礎たらしめようとする固い決意を内外に表明した。われわれは、文化国家の建設者として、はたまた世界平和の使徒として再び戦争の惨禍が到来せざるよう切望するとともに、さきの声明を実現し、科学者としての節操を守るためにも、戦争を目的とする科学の研究には、今後絶対に従わないというわれわれの固い決意を表明する。

日本の高等教育予算があまりに貧弱なので、国立大学法人をはじめ、多くの大学で研究費が不足し、研究者が「節操」を失って上記のような公募に飛びついているという背景もあります。研究費によって、学問の自由（憲法第23条「学問の自由は、これを保障する」）が奪われているような状況です。

真理を探究するはずの自らの学問研究の成果が、武器に変じ、世界の人々に恐怖と欠乏をもたらす側に回ってよいのか、市民はもちろん、研究者の間でも多くの批判があります。そのためか、2016年度は軍事に関する研究の公募で大学等が23件と半減しました。大学が軍事研究に手を貸した70年以上前の悲劇を繰り返してはいけません。

第17章　日本は核兵器廃絶の努力をしているのではないですか？
――日本の核政策はどうなっているか

「平和を訴え続けてきた日本」という誤解

大学生に安保関連法について解説した時です。ある学生が次のような感想を書いてきました。

「……日本は唯一の被爆国として世界に対し、平和を訴え続けていたはずなのに、なぜ日本の歴史の中で反省されていたのに、また同じ過ちを繰り返そうとするのか、理解ができない。……」

「日本は唯一の被爆国として世界に対し、平和を訴え続けていた」というのは、残念ながら、誤解です。

右頁の表をご覧ください。これは2015年の第70回国連総会における核軍縮関連の決議の採択状況ですが、日本はアメリカが反対した条約には、ほとんど棄権して、意思表明をしていません。アメリカはもちろんですが、日本も核廃絶にとても消極的なのです。2016年７月には、アメリカが核の先制不使用（核兵器を先に使わない）の原則を検討しようとしているのに対して、日本は反対の立場を表明したというニュースもありました。また、2016年10月には、国連総会第一委員会で、2017年の「核兵器禁止条約」制定交渉開始を定めた決議案を賛成多数で採択しましたが、日本はここでも「反対」しました。被爆国として平和を訴え続けているとは、とてもいえません。にもかかわらず、大学生のこういう誤解はよくあります。なぜなのでしょうか。

彼らは、ヒロシマ、ナガサキについては、とりあえずは学んでいます。「非核三原則」も「暗記」していて、三つをいえます。しかし、彼らは戦後史についてはほとんど空白のような状態です。日本がアメリカの安保政策に追随してきた歴史を知りません。新聞を読む学生も圧倒的に少

第70回国連総会で採択された核軍縮関連の主な決議の採決状況

決議名	賛成	反対	棄権	米	ロ	英	仏	中	印	パ	北	イ	日
核兵器の人道的結果	114	18	22	×	×	×	×	△	○	△	△	×	○
核兵器の禁止と廃絶のための人道の誓い	139	29	17	×	×	×	×	△	△	△	△	×	△
核兵器のない世界への道徳的な責務	132	36	16	×	×	×	×	△	△	△	△	×	△
核兵器廃絶の多国間交渉の前進	138	12	34	×	×	×	×	×	△	△	○	×	△
核兵器のない世界へ、核禁縮の約束実施の加速化	142	7	36	×	×	×	×	△	×	△	×	×	△
2013年国連総会核軍縮ハイレベル会合の後追い	140	26	17	×	×	×	×	○	○	○	○	×	△
核兵器使用禁止条約	130	48	8	×	△	×	×	○	○	○	○	×	△
国際司法裁判所の勧告的意見の後追い	137	24	25	×	×	×	×	○	○	○	○	×	△
核の危険の除去	127	48	10	×	△	×	×	△	○	○	○	×	△
核兵器の全面廃絶に向けた共同行動	166	3	16	△	×	△	△	×	△	△	×	△	○
非核保有国への安全保障	127	0	55	△	△	△	△	○	○	○	○	△	○
核軍縮	127	43	15	×	×	×	×	○	△	△	○	×	△
包括的核実験禁止条約	181	1	3	○	○	○	○	○	△	○	×	○	○

パ＝パキスタン、北＝北朝鮮、イ＝イスラエル　　しんぶん赤旗2015年12月11日付より
○＝賛成、×＝反対、△＝棄権（国連広報部資料などから作成）

なく、ニュースを批判的に見ることもないので、これまでの改憲の動きも「核密約」の話題も知らない人が大半です。2016年、アメリカ大統領として初めてオバマ大統領がヒロシマを訪問し、アメリカと日本が先頭に立って核廃絶の努力をしているかのような演出がありました。表面的にニュースを眺めるだけで、これを信じる学生が大多数です。ちなみに、戦後史が「空白」状態なので、ヒロシマ、ナガサキは知っていても、ビキニ事件での被曝（ひばく）（1954年）について知っている学生はほとんどいません。

先の学生はそれでも、わたしの説明を理解したうえで、この後、安倍政権の安保関連法への姿勢に疑問を書いていました。しかし、不十分な理解が逆に作用する例もよく見られます。すなわち、「日本はずっと平和を訴え続けていた、だから、『戦争する国』になど、なるはずがない」といった意見です。

とすれば、日本が戦後、安全保障についてどのようなスタンスを取ってきたのかを理解する必要があります。ここでは、その象徴的な事例である核政策について考えてみましょう。

日本国憲法の対極にある核兵器

安倍内閣は、2016年４月１日の閣議で「憲法９条は一切の核兵器の保有および使用をおよそ禁止しているわけではない」とする答弁書を決定しました。「自衛のための必要最小限度の実力保持は憲法９条でも禁止されているわけではなく、核兵器であっても、仮にそのような限度にとどまるものがあるとすれば、保有することは必ずしも憲法の禁止するところではない」と答弁書にはあります（化学兵器についても同様の答弁書を決定しました）。

第２章で明らかにした通り、そもそも自衛のための戦争も憲法は容認していないと考えられます。その点で、この答弁は間違っているのですが、核兵器そのものについて考えても矛盾に満ちていることがわかります。

核兵器は一瞬にして何万という人を殺傷します。ヒロシマ、ナガサキは、日本の人々が受けた「戦争の惨禍」（前文）の最も悲惨な事例といってよいでしょう。1945年だけであわせて約20万人の人が殺されました。それほどの威力を持つ核兵器は、憲法第９条第２項が「これを保持しない」と言明した「陸海空軍その他の戦力」の「その他の戦力」にどう考えても該当します。

そして、そのような核兵器を保有していることは、他国にとって、第９条第１項で「永久にこれを放棄」するとした「武力による威嚇」以外

「非核『神戸方式』の碑」

通称「平和のみみ（美海）ちゃん」（兵庫県神戸市、2007年建立）です。1975年３月、神戸市議会は「核兵器積載艦艇の神戸港入港拒否に関する決議」を全会一致で採択しました。これにより、神戸港に入港する外国軍艦に非核証明書提出を義務づけ、提出しなければ入港させない措置をとっていて、非核「神戸方式」とよばれています。この方式の市民への定着、全国と世界へのアピールとして、母なる海から平和のメッセージを聞く少女の像、「みみちゃん」が建てられました。

その右側には「神戸港平和の碑」が建っています（2008年建立）。アジア・太平洋戦争中、日本政府と企業によって神戸港に連行され、強制労働で亡くなった朝鮮人、中国人、連合軍捕虜を慰霊する碑です。

の何物でもありません。仮に「自衛のための必要最小限度の実力」という概念を認めたとしても、核兵器は憲法とは両立しない存在なのです。ですからこれを保持しないのは当然です。それればかりではありません。ヒロシマ、ナガサキを生き残った人々も、原爆症に苦しみ、街は焦土と化し、「恐怖と欠乏」の底へと突き落とされました。つまり、核兵器は前文に示された「全世界の国民が、ひとしく恐怖と欠乏から免かれ、平和のうちに生存する権利を有することを確認する」日本国憲法とは対極の位置にあるのです。

原子力発電所で生じるプルトニウムは核兵器に転用することが可能です。それゆえ、原発とプルトニウムが国内にあることでさえ、憲法第９条の「その他の戦力」にあたるのではないかという憲法学の議論があります。「憲法９条は一切の核兵器の保有および使用」を禁じていない、などとする安倍内閣の憲法論は、欺瞞（ぎまん）以外の何物でもありません。

非核三原則と核密約

日本には、核兵器を「持たず、作らず、持ち込ませず」の非核三原則があります。1967年12月11日、当時の佐藤栄作首相が総理として初めて国会でこの三原則にふれ、後に1971年11月24日に「非核兵器ならびに沖縄米軍基地縮小に関する決議」を衆議院で採択、この時からこの非核三原則が「国民の総意として内外に鮮明にする」「国の基本方針とする」（趣旨説明）ものとなりました。非核日本をめざす当時の人々の広範な運動によって、この決議が実現したのです。

ところが、それ以前からアメリカが核兵器を日本国内に持ち込むことのできる「核密約」が存在しました。1959年６月、日米両政府が結んだものです。アメリカ軍の飛行機や軍艦の「通過・立ち寄り」の際には、核兵器を積んでいても、これまで通り日本に自由勝手に出入りできる、と決められました。また、1969年11月21日には、沖縄核密約（日米共同声明に関する合意議事録）といって、沖縄に配備されていた核兵器を沖縄本土返還（1972年）までにすべて撤去する一方、「重大な緊急事態」の際には再び核を持ち込む権利をアメリカ側に認めています。沖縄返還は「核抜き・本土並み」と当時の政府は説明していましたが、基地も本土以上に残り、これがまったくの偽りだったことがわかります。当時の自民党政権は、人々をあざむきながらアメリカの核政策に追随していました。しかも、アメリカ側はこの核密約が現時点でも有効だと考えています。

核廃絶こそ憲法の平和主義が示す道

確認してきたように、核兵器は人々を「恐怖と欠乏」に陥れます。全世界から核兵器をなくし、平和的生存権を保障すること、これが、私たち日本国民が憲法で誓ったことです。アメリカの核兵器が持ち込まれることも、憲法の平和主義にもちろん反します。核密約を破棄し、その責任を明らかにすることが必要です。そして、非核三原則を堅持するためにこれを法律化すること、神戸市のように自治体レベルですすめられている非核の運動をさらに広範に広げることです。私たちの核兵器廃絶のたたかいは、ここまで核兵器の使用を許さず、削減に向けて大きな成果をあげてきました。その確信をもって、運動の進展をはかりたいものです。

暮らしの中の日米安保

嘉手納空軍基地

〔アメリカ空軍嘉手納基地、嘉手納飛行場〕

極東最大の空軍基地（沖縄県嘉手納町・沖縄市・北谷町）。飛行場としても国内最大級であり、面積は、日本最大の東京国際空港（羽田空港）の約２倍です。もともと日本陸軍の飛行場でしたが、アメリカ軍が占領し、拡張しました。アメリカ空軍だけでなく、海軍や海兵隊も使用しています。

基地周辺には住宅地や畑があり、すぐ近くで離発着する戦闘機などの爆音が住民生活を脅かしています。健康への被害は大きく、1982年から何度も爆音差止訴訟が提訴されています。また、飛行機墜落などの事故への不安もあります（第６章）。基地からのガソリンやにおい、汚染物質など、住民は様々な被害に苦しんでいます。

本土復帰前の沖縄には、核兵器が配備されていたことが明らかになっています。この嘉手納基地にも核兵器がありました。

3.1ビキニ・デーと核廃絶運動

戦後、自民党政権は、アメリカの「核の傘」に入る道を選び、核兵器廃絶に力を尽くすことはしてきませんでした。それでも、多くの人々が政府の核に対するあいまいな態度を批判し、核をなくすための運動に立ち上がりました。1945年８月のヒロシマ、ナガサキの後に始まった反核平和の運動が、さらに大きくなったのは、日本で３度目の被爆者を出した「ビキニ事件」後です。1954年３月１日、アメリカは南太平洋マーシャル諸島のビキニ環礁で、広島型原爆の1000倍以上といわれる威力の水爆実験を行いました。近くには1400隻以上の漁船が操業していました。彼らとマーシャル諸島の住民が「死の灰」をあび、深刻な被害を受けたのです。焼津港（静岡県）から出港した第五福竜丸もその一つでした。無線長、久保山愛吉さんは半年後、「原水爆の犠牲者は、私を最後にしてほしい」という言葉を残して、亡くなりました。

これをきっかけに東京都杉並区の女性たちが始めた原水爆禁止の署名運動は大きく発展し、翌年の第１回原水爆禁止世界大会開催へと運動が広がったのです。原水爆禁止世界大会は現在でも続き、また全国各地に核兵器廃絶を求める組織・運動があります。

３月１日には、毎年、静岡県焼津市で、「３・１ビキニデー日本原水協全国集会」が開かれ、日本全国から人々が集まり、各地の核廃絶の取り組みなどを報告・議論しています。また、久保山愛吉さんの墓地まで行進し、献花をしながら、核兵器のない世界をつくる、「核の傘」ノー、という思いを新たにします。2016年も1500人が行進し、約2000人が集会に参加しました。原子力発電所の問題も含めて、多くの人々が核廃絶に取り組んでいます。高校生・若者らがこのような課題を学び、研究する学習運動もあります。『ビキニの海は忘れない』(1990年)、『種まきうさぎ』(2015年)はそれらを描いたドキュメンタリー映画です。

1954年のビキニ事件では、第五福竜丸の元船員は一般の労災保険にあたる船員保険の適用を受けました。しかし、他の船の被曝者は、がんなどを発症しても適用を受けていません。元船員と遺族たちは、保険の適用を求め、2016年に訴訟を起こしています。

都立第五福竜丸展示館(東京都江東区、1976年開館。左の写真)は、原水爆による惨事がふたたび起こらないようにという願いをこめて建てられました。第五福竜丸船体実物(前頁の写真)、水爆実験被災の被害、マーシャル諸島での被害など、展示資料があり、全国から中高生が修学旅行などで訪れています。

第18章　自民党は憲法をどのように改正しようとしているのですか？

自民党の草案と平和主義

自由民主党は2012年に日本国憲法改正草案を発表しています。

草案の前文には、「我が国は、先の大戦による荒廃や幾多の大災害を乗り越えて発展し、今や国際社会において重要な地位を占めており、平和主義の下、諸外国との友好関係を増進し、世界の平和と繁栄に貢献する。」と「平和主義」のことばがあります。しかし、現行憲法にある「われらは、全世界の国民が、ひとしく恐怖と欠乏から免かれ、平和のうちに生存する権利を有することを確認する。」といった平和的生存権を明示する箇所は、すべて削除されています。

第９条については、現行憲法の「②前項の目的を達するため、陸海空軍その他の戦力は、これを保持しない。国の交戦権は、これを認めない。」を削除し、「2　前項の規定は、自衛権の発動を妨げるものではない。」としたうえで、「国防軍」の項目を設けています。

緊急事態条項

現在の安倍内閣は、「大震災のような災害時に緊急事態規定がないと大変だ」といって憲法に緊急事態条項を盛り込むことを優先して憲法「改正」をねらっています。

しかし、かつてドイツのナチスも、ワイマール憲法にあった国家緊急権（第48条）を発動することで、独裁を合法的に確立していきました。はじめに、集会と言論の自由を制限、政府批判を行う政党の集会やデモ、出版をことごとく禁止し、次にあらゆる基本的人権を停止したうえで、司法手続きなしで逮捕もできるようにしました。こうして、独裁政治を成立させ、戦争への反対勢力を弾圧していったのです。日本でも大日本帝国憲法に緊急勅令など緊急事態条項がいくつもあり、戦争に反対する勢力を弱体化させました。

安倍内閣のねらう緊急事態条項は、まさに内閣と首相を頂点とする独裁体制が築ける内容です。国民の自由が奪われ、戦争に反対する勢力が封じ込まれます。内閣・首相がフリーハンドで戦争ができる憲法になり、きわめて危険です。そもそも災害のような緊急事態に対しては、現行の憲法のもとに法律をつくることで何ら問題はありません。

日本国憲法は戦争を想定していない

現行の日本国憲法は、戦争することを想定していない構成となっています。たとえば、自衛隊員が現場で人殺しを拒否した時、彼を裁く軍事法廷がありません。安倍内閣からすれば、だからこの憲法の体制全体が邪魔なのです。緊急事態条項を皮切りに、戦争する国づくりのためにさらなる憲法改正の試みをするでしょう。自民党日本国憲法改正草案は、その集大成としての意味を持っています。

自由民主党日本国憲法改正草案2012年

第二章　安全保障

（平和主義）

第九条　日本国民は、正義と秩序を基調とする国際平和を誠実に希求し、国権の発動としての戦争を放棄し、武力による威嚇及び武力の行使は、国際紛争を解決する手段としては用いない。

２　前項の規定は、自衛権の発動を妨げるものではない。

（国防軍）

第九条の二　我が国の平和と独立並びに国及び国民の安全を確保す

るため、内閣総理大臣を最高指揮官とする国防軍を保持する。

2　国防軍は、前項の規定による任務を遂行する際は、法律の定めるところにより、国会の承認その他の統制に服する。

3　国防軍は、第一項に規定する任務を遂行するための活動のほか、法律の定めるところにより、国際社会の平和と安全を確保するために国際的に協調して行われる活動及び公の秩序を維持し、又は国民の生命若しくは自由を守るための活動を行うことができる。

4　前二項に定めるもののほか、国防軍の組織、統制及び機密の保持に関する事項は、法律で定める。

5　国防軍に属する軍人その他の公務員がその職務の実施に伴う罪又は国防軍の機密に関する罪を犯した場合の裁判を行うため、法律の定めるところにより、国防軍に審判所を置く。この場合においては、被告人が裁判所へ上訴する権利は、保障されなければならない。

第九章　緊急事態

（緊急事態の宣言）

第九十八条　内閣総理大臣は、我が国に対する外部からの武力攻撃、内乱等による社会秩序の混乱、地震等による大規模な自然災害その他の法律で定める緊急事態において、特に必要があると認めるときは、法律の定めるところにより、閣議にかけて、緊急事態の宣言を発することができる。

第19章　平和主義を実現するための課題は何でしょうか？

平和主義によって世界から尊敬される日本

中華人民共和国や大韓民国との国境をめぐる争い、朝鮮民主主義人民共和国による軍事的な不安、相次ぐ「テロ」事件の脅威など、海外の情勢について不安を感じる人も多いかもしれません。マスメディアが不安をあおる方向で報道をしているので、これを批判的に読み解くことをしなければ、日本も安全保障上の対応を強化しなければいけないと思う人もいるでしょう。安保関連法を積極的に支持する意見にはこのような背景もあります。なかには緊急事態条項や国防軍を明記した自民党憲法改正草案を歓迎する声もあるかもしれません。

しかし、第Ⅱ部で述べたとおり、海外の安全保障に関する認識は誤解

憲法九条の碑（沖縄県石垣市・新栄公園）2004年建立

長野県茅野市の非核平和都市宣言碑

茅野市は1984年に非核平和都市を宣言。宣言碑は2014年に建立されています（写真）。「世界の恒久平和は、人類共通の願いである。しかるに、核保有国による核軍拡競争は、ますます激化し、世界の平和と安全に重大な脅威と危機をもたらしている。わが国は、世界唯一の核被爆国として、この地球上に広島、長崎の惨禍を再びくりかえしてはならないと訴えるものである。茅野市は、平和憲法の精神にのっとり、『非核三原則』を将来ともに遵守し、あらゆる国のあらゆる核兵器の廃絶を全世界に強く訴え、核兵器の全面撤廃と軍縮推進を促し、もって世界の恒久平和達成をめざし、ここに『非核平和都市』を宣言する。」

非核平和都市宣言は、住民の生命とくらしを守る自治体が地域社会を守る意思表明として発するものです。国家に対し、核戦争を許さない抵抗の宣言でもあります。愛知県半田市（1958年６月６日）が最初で、その後、マンチェスター市（イギリス、1981年）の宣言以降、運動として広まりました。日本では約90％の自治体がこの宣言をしています。茅野市非核平和都市宣言碑の隣には原爆の火・平和の塔（1995年）があります（原爆の火については『知っていますか？　日本の戦争』参照）。

も多く、戦争する国づくりは逆に危険を増加させます。「武力による威嚇」をするのではなく、「平和を愛する諸国民の公正と信義に信頼」して、外交をすすめるのです。

中東地域を中心に、日本は最近アメリカ寄りの外交をすすめていて、住民からの反感もあります。しかし、一方で、日本や日本人に対する尊敬も根強いといいます。それは、日本が憲法で戦争を放棄していること、（安保関連法の通った今は、実態は違うものの）自衛隊は決して人殺しをする軍隊ではないと信じられていることが背景にあります。民間レベルを中心に、地域住民の生活の安定のため、様々な援助をしてきた成果もあります（33頁〜）。憲法施行後70年近くたって、前文に書かれた「平和を維持し、専制と隷従、圧迫と偏狭を地上から永遠に除去しようと努めてゐる国際社会において、名誉ある地位」を手に入れつつもあったのです。

私たちは、この日本国憲法の成果を手放すのではなく、さらに確固たる地位を築きながら世界の「恒久の平和」を追求する必要があります。そのための具体的な方法は以下の通りです。

安保関連法の即時廃止を

まず、安保関連法を廃止することです。これは国会で廃止の法律を通過させることができれば、つまり廃止に賛成する国会議員が多数派になれば可能です。安保関連法の発動によって、日本が他国民と殺し殺される関係になってしまったら、殺された被害者、殺した自衛隊員の苦悩はもちろんのこと、日本は今以上に報復の対象になります。これまでの70年近く、平和主義によって尊敬を集めてきた財産が吹き飛ぶことになります。安保関連法廃止は喫緊の課題です。

安保法制違憲訴訟の会という市民運動があり、全国各地で、安保関連法が憲法違反であることを訴えています。安保関連法による自衛隊出動の差し止めも求めていて、このような裁判運動も安保関連法廃止にむけて大きな意味を持っています。

核廃絶と軍縮の合意形成

述べてきたように、核兵器の存在は憲法の平和主義と対極にあります（第17章）。ただちにこれを廃絶する必要があります。

国際社会は核保有国を追いつめている状況にあります。たとえば、2016年８月、国連核軍縮作業部会が報告を採択し、核兵器禁止条約などの交渉を来年から始めるよう国連総会に勧告しました。日本はこの採択でもアメリカに追随して棄権しましたが、これは被爆国としてあるまじき態度と各国から批判されています。しかも、すでに第17章でみたように、同年10月の国連総会第一委員会で採択された核兵器禁止条約の制定交渉開始決議案には反対してしまいました。今後、国連総会で議論がすすみ、条約交渉が始まったとき、日本はこうしたアメリカ追随の態度を改め、むしろ禁止条約を即時に締結するよう、イニシアチブを発揮すべきです。憲法の平和主義はそれを要請しています。

核廃絶のみならず、すべての軍事力の削減、廃棄が実現してこそ、「全世界の国民が、ひとしく恐怖と欠乏から免かれ、平和のうちに生存する権利」を保障するものとなります。これを先頭に立って提起するのも、憲法に誓った日本の役目です。

日米安全保障条約の撤廃

そのためにも、軍事同盟である日米安全保障条約を廃棄して、平和友好条約に改めることです。

2016年現在、世界で機能している軍事同盟は次のものしかありません。

NATO（北大西洋条約機構）	アメリカ、カナダ、イギリスほか
日米安全保障条約	日本、アメリカ
太平洋安全保障条約	アメリカ、オーストラリア（ニュージーランド）
米韓相互防衛条約	アメリカ、大韓民国

かつては世界の人口の60%以上、約2/3が軍事同盟を結ぶ側にいました。現在は16%にすぎません。世界の中で、戦争を違法化する思想が広まり、平和のうちに生きる権利が深められ、広がっている証左といえましょう。

「平和を愛する諸国民の公正と信義に信頼する」日本が16%の側にいるのは矛盾しています。国民的な合意をはかり、日米安保条約を撤廃することが必要です。そのうえで、アメリカ軍の基地や演習場を撤去します。これまで、各地で基地反対闘争によって、多くの米軍基地が撤去され、新たな土地開発がすすみました。生産の場や公園として市民の憩いの場となっているところも数多くあります。そのような場をさらに広げることができるはずです。

自衛隊を災害救助隊に

自衛隊は憲法の前文にも第９条にも違反しています。これを解散し、災害救助隊に改めます。もちろん、この改革も国民的合意が必要です。日本国憲法の意味を確認する学習運動を広げながら、合意を築くことです。

軍事力が国内に一切なくなって大丈夫なのか、他国から攻められた時にどう対処するのか、という不安があるかもしれません。その不安をなくすためにも、日本が率先して軍事力をなくし、それを世界にも広げる必要があるのです。

軍事同盟が減少してきた歴史から考えれば、あるいはTAC（99頁）のような非軍事の平和同盟が発展している歴史を考えれば、不可能なことではありません。平和憲法を掲げた日本が、70年余り、その努力が不十分であったゆえに、現在不安を覚える状況も生じているのです。

国民的合意を形成するためには、いくつかの条件整備も必要です。たとえば、

米軍基地計画があった渡良瀬遊水地

足尾鉱毒事件で廃村となった旧谷中村を中心に広大な遊水池となっていた渡良瀬遊水地（栃木県栃木市など）。1962年、アメリカ軍は、ここに飛行場を建設しようとしました。地元住民は米軍基地反対運動に立ち上がり、調整池を整備して、平和利用することを主張、藤岡町議会では基地反対決議もありました。その結果、計画は撤回され、レクリエーション施設やスポーツ施設を含めた、憩いの場として工事がすすめられました。2012年にはラムサール条約に登録され、湿地の自然が豊かに残された場としても注目されています。

①まず、自衛隊の軍縮をすすめつつ、憲法の平和主義を世界に訴え、核廃絶を含めた世界的な軍縮を実現すること

②前項で述べたように、安保条約を廃棄し、アメリカ軍基地を撤去し、自衛隊のアメリカ軍への従属性を解消すること

③（次項とも関連しますが）非同盟、中立の立場での平和外交を展開すること

④北東アジアの平和安全保障条約を結び、核の不使用と削減、通常軍備の軍縮を約束すること

などの努力も求められます。これらをすすめながら、憲法の学習をすすめてその理念を共有し、自衛隊の災害救助隊への改編を実現するのです。

祖国復帰三十周年平和憲法記念碑（沖縄県西原町町役場）2002年建立

山田緑地（福岡県北九州市）

この地には、旧陸軍によりつくられた山田弾薬庫がありました。戦後、アメリカ軍に接収され、朝鮮戦争、ベトナム戦争に弾薬庫として使われました。その間、爆発などのいたましい事故もありました。住民の返還運動により、1972年に全面返還され、その後、一部を自然を生かす形で公園とし、1995年より開園しています。

海の中道海浜公園
（福岡県福岡市）

戦前、陸軍の飛行場が建設されたこの地は、戦後、アメリカ軍に接収され、アメリカ軍博多基地（キャンプ博多）となりました。住民の返還運動により、1970年より返還が開始され、国営公園とすることが決まりました。1981年から開園しています。

話しあいの外交をすすめるために

国内の合意形成をはかりながら、国連と集団安全保障体制の改革を提起する。同時に32頁で掲げたような国際社会における平和的な諸活動もすすめる、これが日本国憲法の平和主義が目指すところです。

そのためには、日本の外務省は人員が少なく、さらにアメリカ寄りの外交ばかりでアジアを含む他国との外交チャンネルが不足しています。軍事力を増やすのではなく、自衛隊を増強するのでもなく、外務省の人員を増やして話しあいをすすめる。日本に直接の関わりがなくても、中東・アフリカをはじめ、紛争の調停が必要な地域にも外交官を積極的に派遣する。あるいは、すでに現地で活動しているNPO団体に外務省からも人員が加わり、支援を拡充する。このような改革が求められます。

日本国憲法についての学習を

様々な合意を形成するためにも、日本国憲法の学習が欠かせません。2004年に発足した「九条の会」は、地域や職場にまたたく間に広がり、現在全国に約7500も存在するといわれています。憲法第９条を守るという目標のもとに、日本国憲法について、その他の社会問題についても旺盛な学習運動を各地で繰り広げています。

私たちは、このような憲法についての学びを、さらに広範に、そして深く、展開する必要があるでしょう。70年ほど前に憲法で何を誓ったのか、そのことを、ともに確認しながら、「平和主義」の実現された世界を一刻も早く築きたいものです。

さらに学びを深めるために

平和への権利国際キャンペーン日本実行委員会編『いまこそ知りたい平和への権利48のQ&A』合同出版、2014年
山田朗ほか『軍事立国への野望』かもがわ出版、2015年
林博史ほか編『〈沖縄〉基地問題を知る事典』吉川弘文館、2013年
屋良朝博『沖縄米軍基地と日本の安全保障を考える20章』かもがわ出版、2016年
川村俊夫『「戦争法」を廃止し改憲を止める』学習の友社、2016年
小泉親司『日本の米軍基地』あけぼの出版、2013年
長有紀枝『入門　人間の安全保障』中央公論新社、2012年
前泊博盛『沖縄と米軍基地』角川書店、2011年
梶原渉ほか編『18歳からわかる 平和と安全保障のえらび方』大月書店、2016年
布施祐仁『経済的徴兵制』集英社、2015年
佐々木憲昭『財界支配』新日本出版社、2016年
谷山博史『「積極的平和主義」は、紛争地になにをもたらすか?!』合同出版、2015年
日本中国友好協会編『尖閣問題～平和的解決を～』本の泉社、2014年
日本中国友好協会編『どうする日中関係』本の泉社、2015年
森英樹『大事なことは憲法が教えてくれる――日本国憲法の底力』新日本出版社、2015年
森英樹・松井芳郎『国際法・憲法と集団的自衛権』清風堂書店、2015年
渡辺治『現代史の中の安倍政権』かもがわ出版、2016年
しんぶん赤旗経済部編『軍事依存経済』新日本出版社、2016年
浦部法穂『憲法の本・改訂版』共栄書房、2012年
水島朝穂『はじめての憲法教室』集英社、2013年
伊藤真『憲法の知恵ブクロ』新日本出版社、2010年
愛敬浩二『改憲問題』ちくま新書、2006年

清水雅彦『憲法を変えて「戦争のボタン」を押しますか？』高文研、2013年
半田滋『日本は戦争をするのか——集団的自衛権と自衛隊』岩波書店、2014年
法学館憲法研究所編『伊藤真が問う　日本国憲法の真意』日本評論社、2015年
白神優理子『弁護士白神優理子が語る「日本国憲法は希望」——学ぶこと、生きること、平和な未来へ』平和文化、2016年
望月衣塑子『武器輸出と日本企業』KADOKAWA、2016年
『季論21』2016年夏号「特集　急変貌・大増強する日本の基地」
佐々木隆爾「戦後日本の反核平和と民主主義思想の形成」『東アジアの新時代に向けて』新幹社、2012年
渡辺治・福祉国家構想研究会編『日米安保と戦争法に代わる選択肢——憲法を実現する平和の構想』大月書店、2016年

日本各地で反対運動が起きた主な基地などと本書でふれた平和の碑など

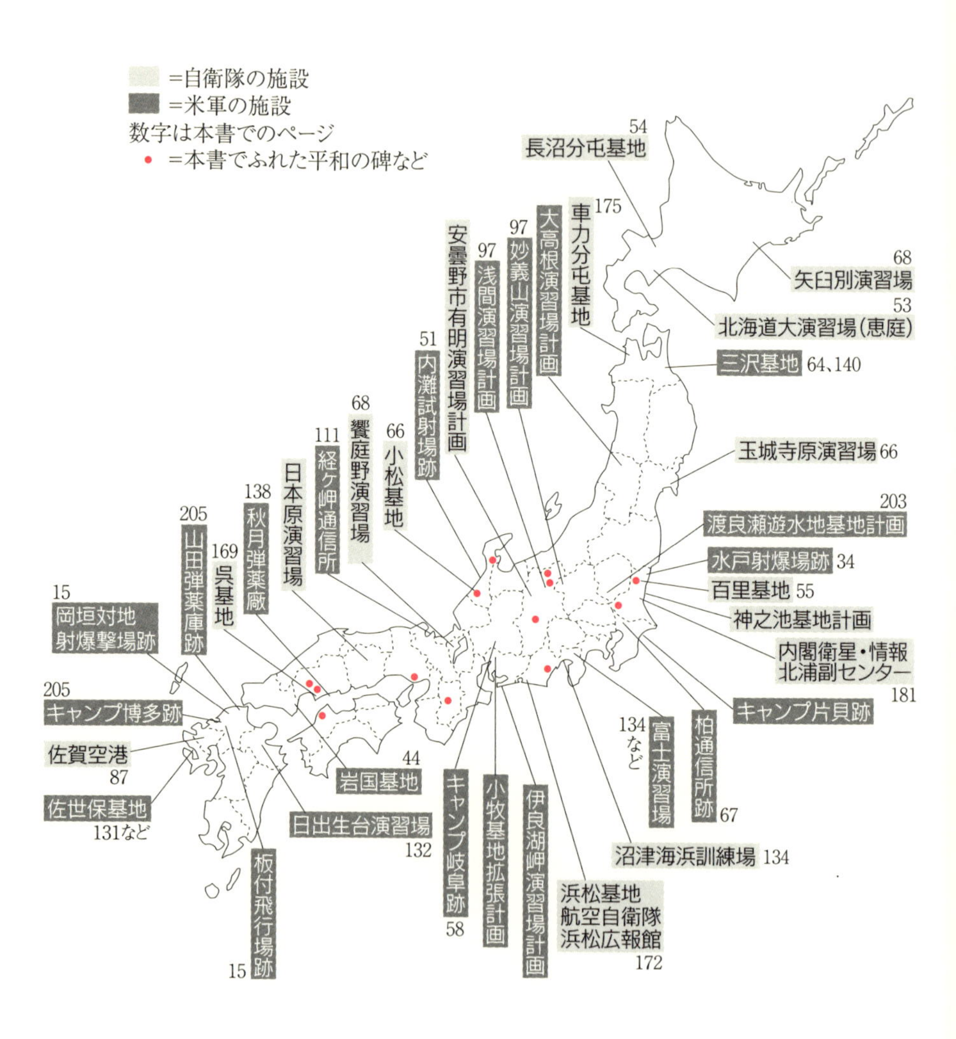

入間基地跡
キャンプ朝霞跡
60
陸上自衛隊広報センター
172
103 所沢通信施設
49
立川基地跡
府中基地
キャンプ王子跡 148
41など 横田基地
43
キャンプ座間
ニュー山王米軍センター
赤坂プレスセンター
42
18 厚木基地
59
池子弾薬庫跡
木更津駐屯地 87
横須賀基地
18
新島射爆場計画 39

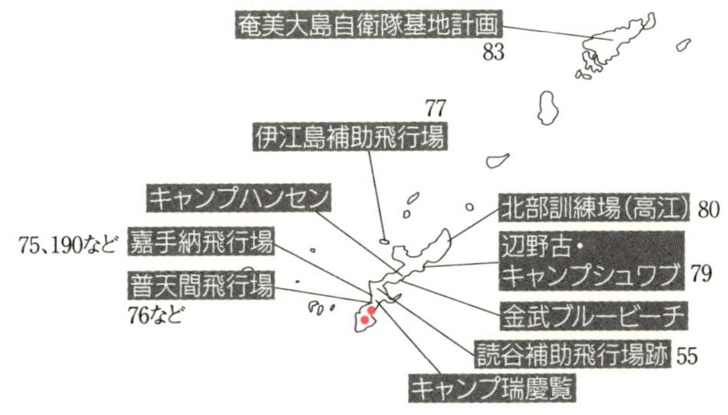
奄美大島自衛隊基地計画
83
77
伊江島補助飛行場
キャンプハンセン
北部訓練場（高江） 80
75、190など 嘉手納飛行場
辺野古・
キャンプシュワブ 79
普天間飛行場
76など
金武ブルービーチ
読谷補助飛行場跡 55
キャンプ瑞慶覧
宮古島基地計画 83
石垣島基地計画 82

久保田貢（くぼた・みつぐ）

愛知県立大学教員（教育学）。1965年生まれ。東京都立大学卒業。著書に『知っていますか？　日本の戦争』（新日本出版社、2015年）、『ちゃんと知りたい！　日本の戦争ハンドブック』（共著、歴教協編、青木書店、2006年）『ちゃんと学ぼう！　憲法①②』（共著、歴史教育者協議会編、青木書店、2008年）、『ジュニアのための貧困問題入門』（編著、平和文化、2010年）など。

考えてみませんか　9条改憲

2016年12月10日　初　版

著　者　久保田貢
発行者　田所　稔

郵便番号　151-0051　東京都渋谷区千駄ヶ谷4-25-6
発行所　株式会社　新日本出版社
電話　03（3423）8402（営業）
03（3423）9323（編集）
info@shinnihon-net.co.jp
www.shinnihon-net.co.jp
振替番号　00130-0-13681
印刷・製本　光陽メディア

落丁・乱丁がありましたらおとりかえいたします。

ISBN978-4-406-06078-3 C0036　Printed in Japan